Bruce Fogle

Die kleine Hausapotheke
für die Katze

Erste Hilfe bei Krankheiten und Verletzungen

Aus dem Englischen von Nicole Hölsken

WILHELM HEYNE VERLAG
MÜNCHEN

HEYNE RATGEBER
08/5212

Besuchen Sie uns im Internet:
http://www.heyne.de

Umwelthinweis:
Dieses Buch wurde auf chlor- und säurefreiem Papier gedruckt.

Printed in Germany 1998
Die Originalausgabe erschien 1995 unter dem Titel
FIRST AID FOR CATS bei
Pelham Books im Verlag Penguin Group, London
Lektorat: Birgit Groll
Umschlagillustration: Imagine Fotoagentur, Hamburg
Umschlaggestaltung: Atelier Bachmann & Seidel, Reischach
Satz: Layer, Ostfildern
Druck und Bindung: Ebner, Ulm

ISBN 3-453-14070-2

INHALTSVERZEICHNIS

Einleitung 9
Danksagung 12

Teil 1: Die Grundlagen der Ersten Hilfe 13

Was ist Erste Hilfe? 14
Was zuerst zu tun ist: die Grundlagen der
Ersten Hilfe 15
    Wie Sie Ihre Katze untersuchen 16
    Die Überprüfung der Atmung 19
    Die Überprüfung der Pulsfrequenz 20
    Die Untersuchung des Zahnfleisches 21
    Schock 22
    Wann künstliche Beatmung und Herzmassage
    angemessen sind 26
    Die Wiederbelebung der Katze 28
    Das Säubern von Wunden 32
    Das Anlegen von Verbänden 38
    Das Anlegen einer Schiene 40
    Das Anlegen einer Aderpresse 42
    Die Herstellung eines Halskragens 44
    Hochheben, Tragen und Transport einer Katze 45

Teil 2: Was als nächstes zu tun ist 49

Braucht Ihre Katze tierärztliche Hilfe? 50
Weitere Untersuchungen 53
    Wann, warum und wie man eine Ganzkörper-
    untersuchung durchführt 53

Wie man die Temperatur einer Katze mißt   54
Verhalten und Reaktion   57
Geräusche und Aktivitäten   57
Atmung   59
Allgemeines Erscheinungsbild und
Bewegungsabläufe   62
Gerüche   65
Untersuchung von Augen, Ohren, Nase und
Mund   66
Untersuchung von Kopf und Hals   71
Untersuchung der Brust, des Bauchbereichs
und der Gliedmaßen   71
Untersuchung des Schwanzes, des Afters und
der Genitalien   74
Zustand des Fells und der Haut   75
Störungen des Magen-Darm-Traktes   77
Der Gang auf die Katzentoilette   78
Veränderungen im Trink- und Urinierverhalten 80
Gewichtsveränderungen   81

Teil 3: Notfälle   83

Die Grundprinzipien der Ersten Hilfe   84
Wie man diesen Teil des Buches benutzt   86
Sofortige Erste Hilfe für die Katze, die bei
Bewußtsein ist   87
Aggressives Verhalten   88
Angelhaken   89
Atembeschwerden   91
Augenverletzungen   95
Bisse und Stiche   100
Blutungen   105
Diabetesbedingte Notfälle   113
Durchfall   115

Erbrechen 117
Erfrierungserscheinungen und
Unterkühlung 119
Ersticken 122
Ertrinken 126
Fleischwunden 128
Geburt 132
Gift – eingeatmet 138
Gift – geschluckt 140
Gift – Hautkontakt 153
Gleichgewichtsstörungen 157
Herzversagen 158
Hinken und Bewegungs-
schwierigkeiten 159
Hitzschlag 162
Husten 165
Knochenbrüche 167
Kohlenmonoxydvergiftung 172
Koma 173
Krämpfe und Anfälle 174
Kratzen 177
Mundverletzungen 178
Nasenverletzungen 181
Ohnmacht 184
Ohrverletzungen 186
Pfoten, geschwollene 188
Probleme beim Urinieren 189
Stromstoß 191
Verbrennungen und Verätzungen 193
Verschluckte Fremdkörper 198
Verstopfung 200
Wunden – oberflächliche 202
Wunden – tiefe 204

Teil 4: Notfälle verhindern   207

Wie man das Risiko von Notfällen
reduziert   208
  Identifikation   210
  Erziehung und Bewegung   211
  Impfungen   212
  Parasiten   215
  Körperpflege   218
  Ernährung   221
  Kastration   223
  Wie man auf oralem Wege Medikamente
    verabreicht   225
  Wie man ein Medikament für die Augen
    verabreicht   228
  Wie man ein Medikament für die Ohren
    verabreicht   229
  Wie man Injektionen verabreicht   231
  Anregungen zur Zusammenstellung einer
    Hausapotheke   232

Register   234

EINLEITUNG

Katzen leben heutzutage länger denn je. Die Gründe dafür liegen auf der Hand: Durch Routineimpfungen hat man mittlerweile viele Infektionskrankheiten in den Griff bekommen; die Ernährung hat sich verbessert; und wir Katzenbesitzer vermögen mit den Risiken des »städtischen Dschungels« heute besser umzugehen als früher. Daher führen viele unserer Hauskatzen ein langes, zufriedenes Leben, ohne je mit Verkehrsunfällen, Auseinandersetzungen mit anderen Tieren oder anderen traumatischen Ereignissen konfrontiert zu werden. In meiner Kindheit hatte eine Katze eine durchschnittliche Lebenserwartung von etwa zehn Jahren. Heute wird eine Katze – je nach Rasse – in der Regel dreizehn bis zwanzig Jahre alt. Diese Entwicklung ist ein verblüffender Erfolg der Veterinärmedizin.

Heutzutage müssen sich die meisten Katzenbesitzer nicht mehr fragen, ob sich ein Tierarzt in ihrer Nähe befindet, der ihrem Tier eine optimale medizinische Versorgung gewährleisten kann. Das wird als selbstverständlich vorausgesetzt. Aber häufig genug fragen sich verwirrte und besorgte Tierhalter, ob das Problem, unter dem ihre Katze leidet, die Zeit, die Ausgaben und häufig auch das Trauma eines Tierarztbesuches für das Tier rechtfertigt. Katzen haben manchmal die ärgerliche Angewohnheit, so zu tun, als ob sie gesünder seien, als es tatsächlich der Fall ist. Dieses Buch zeigt Ihnen, wie Sie in Notfällen Erste Hilfe leisten können. Außerdem hilft es Ihnen bei der Entscheidung, ob Ihre Katze professionelle medizinische Hilfe braucht oder nicht.

Das Buch ist in vier Teile untergliedert. Teil eins beschreibt, was als erstes zu tun ist, wenn ein Notfall vorliegt; wie man die Katze ruhig hält, wie man ihre lebenswichtigen Körperfunktionen überprüft, welche Maßnahmen man ergreift, um ihr Leben zu retten, wie man Verbände, Schienen und Aderpressen anlegt, und wie man die Katze sicher transportiert. Üben Sie die in diesem Buch gegebenen Instruktionen, solange Ihre Katze gesund und bei Kräften ist. Dann werden Sie auch im Notfall in der Lage sein, wirkungsvolle und kompetente Hilfe zu leisten.

In Teil zwei erklären wir Ihnen Schritt für Schritt, was nach der Krise zu tun ist. Wenn Sie den Ernst der Lage nicht einschätzen können, wird dieser Teil Ihnen bei der Entscheidung helfen, ob Sie die Hilfe eines Veterinärmediziners in Anspruch nehmen und, wenn ja, wie schnell Sie ihn aufsuchen müssen. Wenn die von Ihnen festgestellten Symptome darauf schließen lassen, daß das Leben Ihrer Katze in Gefahr ist oder das Tier Schmerzen hat, werden Sie durch leicht erkennbare Symbole darauf hingewiesen.

Teil drei beschreibt, was in offensichtlichen Notfällen zu tun ist. Solche Notfälle werden in alphabetischer Ordnung aufgelistet, von *aggressivem Verhalten*, über *Erbrechen, Erstickungsgefahr* und *Ertrinken* bis hin zu *Vergiftungen*. Für jeden spezifischen Notfall erfolgt eine Anleitung, wie die Erste Hilfe erfolgen soll und eine grafische Darstellung, die Ihnen die Entscheidung erleichtern soll, ob Sie nun wirklich so schnell wie möglich zum Tierarzt gehen müssen, ob

Sie noch ein paar Stunden oder gar bis zum darauffolgenden Tag warten können oder ob es vielleicht
ausreicht, den Veterinär telefonisch um Rat zu fragen und das Tier ansonsten zu Hause zu behandeln.

In Teil vier geben wir Ihnen Ratschläge, wie Sie Risiken vermindern können, wie Sie Ihrer Katze ein
Medikament verabreichen und wie Ihre Hausapotheke ausgerüstet sein sollte.

DANKSAGUNG

Die Veterinärmedizin ist ein sehr weites Berufs-
feld. Ein Tierarzt sollte jede Krankheit behandeln können, die bei einem jeglichen Tier auftritt.
Das macht die Arbeit so interessant und stellt
gleichzeitig immer wieder eine neue Herausforde-
rung dar. Ich arbeite nunmehr schon ein Vierteljahr-
hundert als Tierarzt und habe dabei natürlich schon
eine ganze Anzahl von Notfällen behandeln müssen.

Gleichzeitig ist der Beruf des Veterinärmediziners
in hohem Maße spezialisiert. Manche Ärzte konzentrieren sich auf einzelne Tierarten – zum Beispiel auf
Katzen oder Pferde. Andere auf besondere medizinische Fachgebiete wie die Orthopädie, die Augen-
heilkunde oder die Dermatologie. Auch die Notfall-
therapie und Erste Hilfe ist solch ein spezifisches
medizinisches Aufgabenfeld.

Bei der Lektüre dieses Buches werden Sie ein paar
hervorragende Hinweise und Ratschläge bekommen. Viele dieser Anregungen stammen von Dr.
Suann Hosie von der Vancouver Animal Emergency
Clinic in Vancouver, British Columbia, Kanada. Sowohl in Kalifornien als auch in British Columbia hat
Dr. Hosie mehr Erfahrungen in Notfallmedizin und
Erster Hilfe gesammelt, als irgendein anderer Medi-
ziner in Europa oder Nordamerika. Ich bat Suann, die
ich seit meiner Studienzeit am Ontario Veterinary
College kenne, dieses Buch zu lesen, bevor ich es an
den Verlag schickte. Und zu jeder einzelnen Seite lei-
stete sie wertvolle, konstruktive Beiträge. Dafür
möchte ich ihr an dieser Stelle meinen Dank aus-
sprechen.

TEIL I
DIE GRUNDLAGEN DER
ERSTEN HILFE

WAS IST ERSTE HILFE?

Das Ziel Erster Hilfe besteht darin:

- Leben zu erhalten
- Weitere Verletzungen zu verhindern
- Weitere mögliche Schädigungen in Grenzen zu halten
- Schmerz und Angst zu mindern
- Heilung zu fördern
- Die Katze sicher zum Tierarzt zu bringen, damit dort professionelle Hilfe geleistet werden kann.

Bringen Sie das Tier gegebenenfalls in die Tierklinik. Verlieren Sie keine Zeit mit dem Versuch, die richtige Diagnose zu stellen. Verschaffen Sie sich möglichst schnell einen Überblick über die Situation: Ist die Katze auch weiterhin in Gefahr? Geraten Sie selbst in Gefahr, wenn Sie zu helfen versuchen? Fangen Sie die Katze, halten Sie sie fest, und holen Sie sie aus dem Risikobereich heraus. Verhindern Sie, daß sie noch mehr Schaden nimmt.

Versuchen Sie dann, den Zustand der Katze einzuschätzen. Suchen Sie nach offensichtlichen, lebensbedrohlichen Symptomen. Wenn nötig, leisten Sie sofort Erste Hilfe. Wenn noch eine andere Person in Ihrer Nähe ist, sollte diese den Tierarzt anrufen und den Transport des verletzten Tieres arrangieren.

Ein Notfall ist kaum der geeignete Zeitpunkt, Ihren Tierarzt um einen Hausbesuch zu bitten. In den meisten Fällen ist es besser, den Veterinär anzurufen und das verletzte Tier in die nächste gut ausgestattete Tierklinik zu bringen.

WAS ZUERST ZU TUN IST: DIE GRUNDLAGEN DER ERSTEN HILFE

Bei einem Notfall sollten Sie eine schnelle körperliche Grunduntersuchung Ihrer Katze vornehmen. Das ist besonders wichtig, um eine vernünftige Entscheidung treffen und das Tier behandeln zu können. Eine solche Untersuchung sollten Sie mit der Katze üben, solange sie noch fit und gesund ist.

Nehmen Sie bei einem Notfall eine schnelle Grunduntersuchung Ihrer Katze vor.

- Halten Sie die Katze fest.
- Überprüfen Sie die Atemfrequenz und den Atemrhythmus.
- Überprüfen Sie die Pulsfrequenz.
- Achten Sie auf Anzeichen für einen Schock.

Versuchen Sie nicht, gleich in der ersten Sitzung dieser Art eine komplette Untersuchung vorzunehmen. Denken Sie daran, Ihre Katze für ihren Gehorsam zu belohnen. Geben Sie ihr einen Leckerbissen, streicheln und loben Sie sie nach jedem Schritt.

Nachdem Sie eine kurze, aber gründliche Untersuchung der Katze vorgenommen haben, müssen Sie vielleicht Erste Hilfe leisten. Die Grundlagen der Ersten Hilfe sind:

- Atemspende
- Herzmassage
- Säubern der Wunden

- das Anlegen eines Verbandes, einer Schiene, einer Aderpresse oder eines Halskragens
- Transport der kranken oder verletzten Katze

Bei wirklichen Notfällen sollten Sie sich immer vor Augen führen, daß Ihre Ziele darin bestehen, das Leben ihrer Katze zu erhalten, weitere Verletzungen zu verhindern, weitere mögliche Schädigungen in Grenzen zu halten, Schmerz und Angst zu mindern und die Heilung zu fördern.

Wie Sie Ihre Katze untersuchen

Üben Sie die Untersuchung mit der gesunden Katze.

Je besser Sie verstehen lernen eine Katze zu untersuchen, um so besser werden Sie auch in der Lage sein, Erste Hilfe zu leisten und Entscheidungen über den Ernst der Lage zu treffen. Üben Sie diese Schritte bei Ihrer eigenen Katze, aber immer nur für kurze Zeiträume. Manche Katzen müssen sich zunächst daran gewöhnen, daß man sie festhält. Denken Sie immer daran, die Mitarbeit Ihrer Katze zu belohnen, indem Sie ihr einen Leckerbissen geben, sie streicheln oder loben, und zwar nach jedem einzelnen Schritt.

Halten Sie das Tier so wenig wie nötig fest, um Ihre Untersuchung durchzuführen. Ein zu fester Griff macht die meisten Katzen ängstlich und unkooperativ. Eine verletzte Katze wird Sie wahrscheinlich beißen und kratzen. Schützen Sie sich, indem Sie die verängstigte Katze in ein Tuch wickeln, bevor Sie sie hochheben oder untersuchen. Wenn Sie jedoch trotzdem gebissen oder gekratzt werden, sollten Sie in jedem Fall einen Arzt aufsuchen.

1. Nähern Sie sich der Katze ruhig. Reden Sie beruhigend auf das Tier ein. Auf keinen Fall dürfen Sie es einschüchtern, weshalb gerade zu Anfang der auf Katzen bedrohlich wirkende direkte Augenkontakt vermieden werden sollte.
2. Während Sie auf die Katze einreden, sehen Sie sich genau ihren Gesichtsausdruck an, um abzuschätzen, wie verängstigt sie ist. Streicheln Sie die entspannte Katze an der Kopfseite, lassen Sie dann die Hände unter ihren Körper gleiten, und heben Sie sie hoch. Um das beruhigte Tier zu untersuchen, sollten Sie es festhalten, wie auf Abbildung 1 dargestellt.

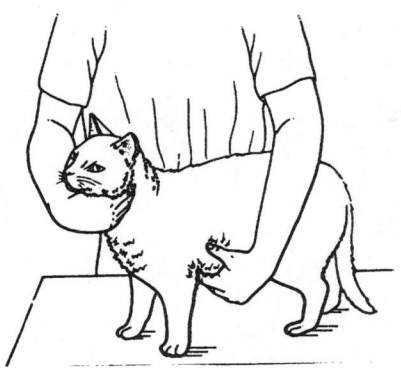

Festhalten einer ruhigen Katze:

Packen Sie den Kopf der Katze mit sanftem und doch festem Griff unter dem Kinn. Drücken Sie mit dem Ellbogen des anderen Armes gegen den Körper der Katze, während Sie mit eben dieser freien Hand den Körper abtasten.

3. Eine verängstigte Katze widersetzt sich der Berührung meist und versucht, zu entkommen. Versuchen Sie also, ihr vorher den Fluchtweg zu versperren. Sprechen und bewegen Sie sich ruhig. Vermeiden Sie abrupte Gesten. Nehmen Sie eine Decke, ein Handtuch oder ein anderes Tuch, und legen Sie es über die verängstigte Katze. (Wenn die gesunde Katze, mit der Sie üben, Angst vor

Ihren Annäherungsversuchen hat, sollten Sie von ihr ablassen und sich zu Übungszwecken lieber einem gefügigeren Tier zuwenden.)

Festhalten einer verängstigten Katze:

a) Legen Sie eine Decke, ein Handtuch, ein Tuch oder Kleidungsstück über den gesamten Körper der Katze. Wickeln Sie dann das Tier ganz darin ein, damit Sie vor den Krallen geschützt sind.

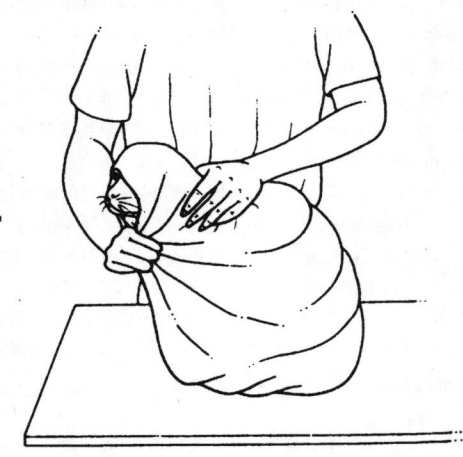

b) Befreien Sie anschließend den Kopf der Katze sanft aus dem Tuch. Sprechen Sie weiter beruhigend auf das Tier ein. Fahren Sie erst dann mit der Untersuchung fort, wenn die Katze ruhig ist.

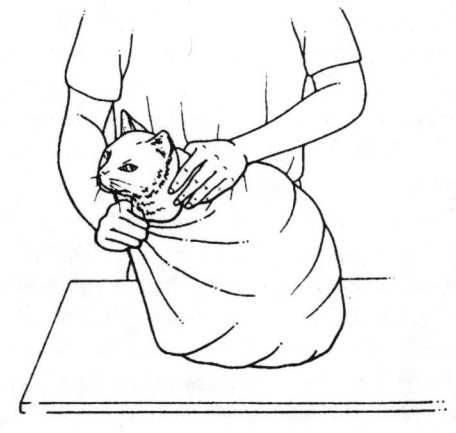

Die Überprüfung der Atmung

Ihre Katze atmet zwischen zehn- und dreißigmal pro Minute, wobei die Atemfrequenz junger Kätzchen deutlich höher liegt als bei erwachsenen Tieren. Die Auf- und Abbewegungen der Brust sind, wenn die Katze ruht, kaum zu bemerken. Sollte das Tier schnurren, ist es sogar noch schwieriger, seine Atemfrequenz zu erkennen.

Die Atemfrequenz der gesunden Katze liegt zwischen zehn- und dreißigmal pro Minute.

Wenn Katzen aufgeregt sind, es ihnen sehr warm ist oder sie Schmerzen haben, hecheln sie. Die Folge ist eine erhöhte Atemfrequenz. Wenn Sie also den Atemrhythmus Ihrer Katze berechnen – wie unten beschrieben – sollten Sie dies ausschließlich im Ruhezustand tun und sich dabei nur nach dem Luftholen durch die Nase richten.

Vergessen Sie nicht, sich den Normalwert zu notieren, um im Notfall eine Vergleichsbasis zu haben.

1. Beobachten Sie, wievielmal Ihre Katze im Ruhezustand innerhalb von zwanzig Sekunden atmet. Zählen Sie nur das Einatmen oder das Ausatmen, nicht beides. Multiplizieren Sie die Zahl mit drei, um die Atemfrequenz pro Minute zu ermitteln.

Berechnung der Atemfrequenz

2. Wenn Ihre Katze ein dichtes Fell hat oder nur so leicht atmet, daß Sie keine Brustbewegungen erkennen können, halten Sie ihr ein Papiertaschentuch vor die Nase, und zählen Sie, wie oft es sich innerhalb von zwanzig Sekunden bewegt. Multiplizieren Sie den Wert mit drei, um die Frequenz pro Minute herauszufinden.

3. Sie können Ihrer Katze auch die Hand auf die Brust legen, zwanzig Sekunden lang zählen, wie

oft sich der Brustkorb hebt und senkt und die
Zahl dann ebenfalls mit drei multiplizieren.

Beobachten Sie die Nasenflügel Ihrer Katze. Bei
normaler Atmung bewegen Sie sich nicht. Sie wei-
ten sich nur dann, wenn sich das Tier beim Atmen
anstrengen muß. Dies ist ein untrügliches Signal, daß
es Ihrer Katze nicht gut geht.

Die Überprüfung der Pulsfrequenz

*Der Ruhepuls der
gesunden Katze
liegt zwischen 110
und 160 Schlägen.*

Der Ruhepuls einer Katze variiert von 110 bis zu
160 Schlägen pro Minute. Aktive Katzen, die viel
Auslauf haben, haben einen langsameren Puls als rei-
ne Wohnungskatzen. Bei kleinen Kätzchen schlägt
das Herz bis zu 260mal pro Minute.

Bei Aufregung und Bewegung steigt die Pulsfrequenz rapide an. Auch Schmerz, Fieber und Schock
im Frühstadium führen zu erhöhtem Puls. Das gleiche gilt, wenn die Katze erschreckt, vergiftet oder
gebissen wurde, wenn sie einen Stromschlag erlitten hat, unter Schilddrüsenüberfunktion oder einer
Herzkrankheit leidet.

Berechnen Sie den Ruhepuls Ihrer Katze, solange
sie fit und gesund ist, und notieren Sie sich den
Wert, um im Notfall eine Vergleichsbasis zu haben.

1. Packen Sie den Brustkorb Ihrer Katze genau hinter ihren Ellbogen. Tasten Sie nach dem Herzen,
   zählen Sie die *Herzschläge* zwanzig Sekunden
   lang, und multiplizieren Sie sie mit drei, um die
   Frequenz pro Minute zu ermitteln.
2. Überprüfen Sie den *Puls,* indem Sie Ihre Finger in
   die Innenseite des Oberschenkels legen, und

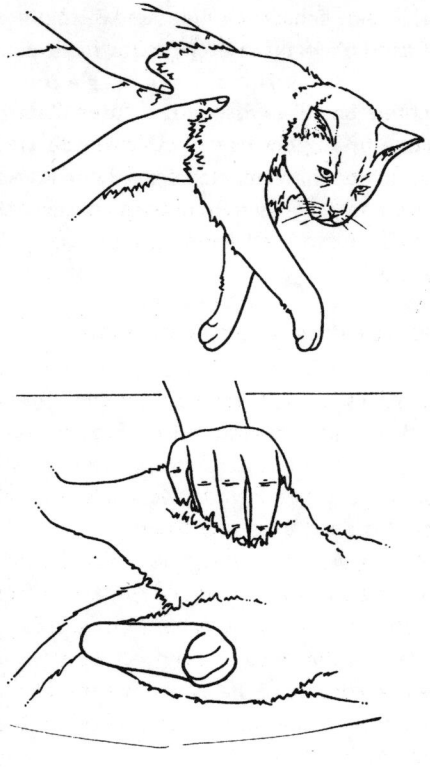

Den Herzschlag
überprüfen:

Drücken Sie die Brust
hinter den Ellbogen der
Katze sanft zusammen,
um das Herz zu
ertasten, und zählen Sie
die Herzschläge.
Während Sie den Herz-
schlag überprüfen,
halten Sie das Tier mit
der anderen Hand fest.

Den Puls finden:

Pressen Sie Ihre
Fingerspitzen in
die Innenseite des
Oberschenkels.
Ertasten Sie dort
den Puls durch
sanften Druck.

zwar genau in die Leistengegend. Tasten Sie die
Region ab, bis Sie den Puls spüren, dann zählen Sie
zwanzig Sekunden lang und multiplizieren Sie mit
drei, um die Frequenz pro Minute zu ermitteln.

Die Untersuchung des Zahnfleisches

Die Farbe des Zahnfleisches ist ein wichtiger Indikator für die Gesundheit einer Katze. Blasses oder

weißes Zahnfleisch deutet beispielsweise auf einen Schock hin. Ist die Nase ihrer Katze nicht pigmentiert, dann hat sie normalerweise die gleiche rosige Färbung wie das Zahnfleisch. Die Rosafärbung von Nasen ohne Pigmente sind ein sehr verläßlicher Indikator für den Gesundheitszustand der Katze, genauso wie rosige Wangen bei Menschen. Ein Schock ist der schlimmste Notfall und hat Vorrang vor allen anderen Verletzungen. Selbst ein scheinbar leichter Sturz kann zum Schock führen.

1. Untersuchen Sie das Zahnfleisch Ihrer Katze, indem Sie die Oberlippe sanft heben. Normales Zahnfleisch hat eine gesunde, rosa Färbung.

Untersuchung des Zahnfleisches:

Wenn das Zahnfleisch rosa ist, drücken Sie den Finger dagegen. Wenn das Blut nicht sofort zurückströmt, droht möglicherweise ein Schock.

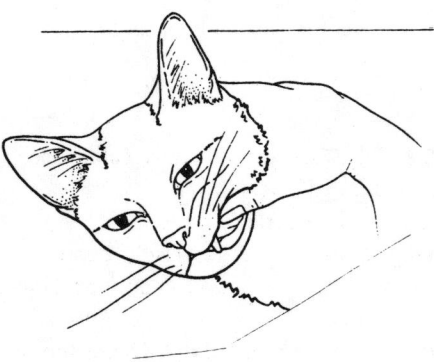

Schock

Die Zeichen für eine Schockreaktion sind: blasses oder weißes Zahnfleisch, erhöhte Pulsfrequenz mit über 250 Schlägen in der Minute und erhöhte Atemfrequenz mit über vierzig Atemzügen in der Minute. Welch ein Notfall auch vorliegen mag, denken Sie zuallererst an Schocksymptome.

Durch die Überprüfung der Herzfrequenz, der Atemfrequenz und des Zahnfleisches können Sie also feststellen, ob Ihre Katze einen Schock erlitten hat. Ein Schock kann durch stark blutende Wunden, Verbrennungen, Herzversagen, Erbrechen und/oder Durchfall, Stromschlag, schwere Stürze oder einen Aufprall, durch Insektenstiche und Tierbisse, durch Diabetes, Vergiftungen und verschiedene andere Verletzungen, Krankheiten und Unfälle hervorgerufen werden. Die Behandlung eines Schocks hat Vorrang vor allen anderen Verletzungen, einschließlich Knochenbrüchen. Bleibt der Schockzustand unbehandelt, so kann das zum Verlust des Bewußtseins und zum Tode führen.

Überprüfen Sie zuallererst, ob Ihre Katze einen Schock erlitten hat.

Die ersten Anzeichen für einen Schock sind:

- Erhöhte Atemfrequenz
- Erhöhte Pulsfrequenz
- Blasses oder nur zart rosafarbenes Zahnfleisch
- Ruhelosigkeit oder Angst
- Lethargie oder Schwäche
- Die Kapillargefäße im Zahnfleisch benötigen, nachdem man Druck auf sie ausgeübt hat, länger als zwei Sekunden, um sich wieder zu füllen.
- Normale oder etwas zu niedrige Körpertemperatur (im Mastdarm gemessen)

Schocksymptome

Anzeichen für einen Schock im Spätstadium sind:

- Flacher, langsamer Atem
- Unregelmäßiger Herzschlag
- Sehr helles oder bläulich verfärbtes Zahnfleisch
- Fehlende Reaktion
- Extreme Schwäche oder Bewußtlosigkeit

- Die Kapillargefäße im Zahnfleisch benötigen, nachdem man Druck auf sie ausgeübt hat, länger als vier Sekunden, um sich wieder zu füllen.
- Sehr niedrige Körpertemperatur – weniger als 36,7°C.

Die katastrophalen Folgen eines Schocks können Sie durch folgende Maßnahmen eindämmen:

Schockbehandlung

1. Legen Sie die Katze auf die Seite. Achten Sie darauf, daß der Hals gestreckt ist.
2. Heben Sie die Hinterläufe an, und schieben Sie Kissen oder Handtücher darunter.
3. Stillen Sie offensichtliche Blutungen, indem sie, wenn nötig, einen Druckverband oder eine Aderpresse anlegen (siehe Seite 42).
4. Leiten Sie, wenn nötig, Wiederbelebungsmaßnahmen in Form von Atemspende und Herzmassage ein (Atemspende, Herzmassage, siehe Seite 28ff).
5. Verhindern Sie den Verlust von Körperwärme, indem Sie die Katze in eine warme Decke wickeln.
6. Bringen Sie das Tier sofort zum nächsten Tierarzt. Wenn die Katze einen starken Schock erlitten hat, halten Sie sie beim Transport so im Arm, daß die Gliedmaßen über dem Herzen sind.

- *Geben Sie der Katze weder Futter noch Wasser.*
- *Lassen Sie keine gesunde Katze in die Nähe.*

Anaphylaktischer Schock

Ein anaphylaktischer Schock kann durch Insektenstiche, Medikamente oder auch – seltener – durch Nahrungsmittel hervorgerufen werden.

Woran Sie einen anaphylaktischen Schock erkennen können:

- Wurde der Katze gerade ein Medikament oder eine Injektion verabreicht?
- Wurde sie möglicherweise von einem Insekt gestochen?
- Hat sie gerade gefressen und leidet jetzt unter Atemschwierigkeiten?
- Würgt die Katze, oder muß sie sich übergeben?
- Hat sie plötzlichen Durchfall?
- Bricht sie zusammen?
- Ist das Zahnfleisch bläulich verfärbt?
- Gibt es Symptome, die auf einen Schock schließen lassen?

Symptome eines anaphylaktischen Schocks.

1. Sorgen Sie dafür, daß die Atemwege der Katze frei sind.
2. Leiten Sie Wiederbelebungsmaßnahmen ein (Atemspende, Herzmassage, siehe Seite 28ff).
3. Wenn die Lunge der Katze sich mit Flüssigkeit füllt, gibt sie beim Atmen gurgelnde Laute von sich. Packen Sie sie an den Hinterläufen, und lassen Sie sie zehn Sekunden lang kopfüber nach unten hängen, damit sie wieder Luft bekommt.
4. Suchen Sie sofort tierärztliche Hilfe auf. (Hier sind sofortige Maßnahmen lebenswichtig. Der Veterinär wird dem Tier Medikamente verabreichen, die der allergischen Schwellung in der Luftröhre Einhalt gebieten.)

Maßnahmen bei einem anaphylaktischen Schock.

Eine weniger gefährliche allergische Reaktion auf Bisse oder Injektionen hat zur Folge, daß das Gesicht der Katze anschwillt und zu jucken beginnt. Manchmal juckt auch das Umfeld des Stiches oder

der Injektion oder wird heiß und schmerzt. Bewahren Sie Ihre Katze davor, sich selbst Verletzungen zuzufügen, indem Sie ihr einen Halskragen (siehe Seite 43f) anlegen und sie genau beobachten. Allergische Reaktionen können ganz plötzlich zu lebensbedrohlichen anaphylaktischen Schockreaktionen führen.

Wann künstliche Beatmung und Herzmassage angemessen sind

Bei Sauerstoffmangel drohen dauerhafte Hirnschädigungen.

Wenn das Gehirn der Katze einige Minuten lang keinen Sauerstoff bekommt, weil entweder der Herzschlag oder die Atmung ausgesetzt hat, so sind dauerhafte Hirnschädigungen die Folge. Unter diesen sehr seltenen Umständen können sofortige Reanimationsmaßnahmen dem Tier das Leben retten. Die Wiederbelebung erfolgt durch eine Kombination aus Atemspende und Herzmassage.

Schaffen Sie sich einen Überblick über die Situation

Gründe für Bewußtlosigkeit, bei denen Wiederbelebungsmaßnahmen notwendig sein könnten, sind folgende: *Ersticken, Stromstöße, Ertrinken, Rauchvergiftung, Vergiftung, Blutverlust, Gehirnerschütterung, Ohnmacht, Schock, Diabetes und Herzrhythmusstörungen sowie Herzinsuffizienzen.*

(Schlaganfälle oder Herzattacken, die häufigsten Gründe, warum man bei Menschen künstliche Beatmung und Herzmassagen durchführt, sind bei Katzen höchst ungewöhnlich.)

Versuchen Sie einzuschätzen, ob die Katze bei Bewußtsein ist:

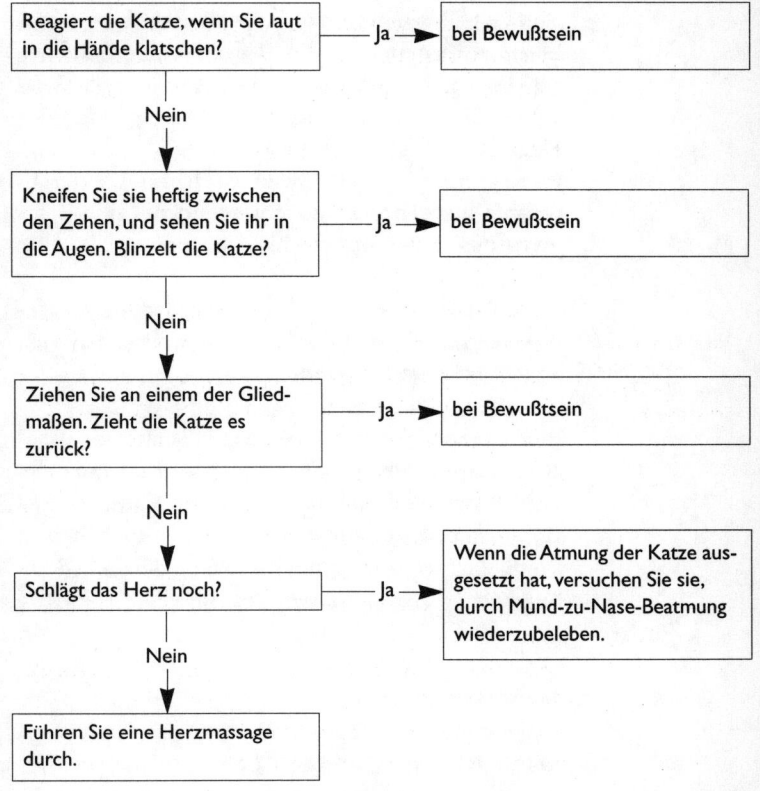

Reagiert die Katze, wenn Sie laut in die Hände klatschen? — Ja ➤ bei Bewußtsein

Nein

Kneifen Sie sie heftig zwischen den Zehen, und sehen Sie ihr in die Augen. Blinzelt die Katze? — Ja ➤ bei Bewußtsein

Nein

Ziehen Sie an einem der Glied-maßen. Zieht die Katze es zurück? — Ja ➤ bei Bewußtsein

Nein

Schlägt das Herz noch? — Ja ➤ Wenn die Atmung der Katze aus-gesetzt hat, versuchen Sie sie, durch Mund-zu-Nase-Beatmung wiederzubeleben.

Nein

Führen Sie eine Herzmassage durch.

Die Wiederbelebung der Katze

Atemspende und
Herzmassage

Atemspende (Mund zu Nase) und Herzmassage sind zwei lebensrettende Maßnahmen, deren Kombination man unter dem Begriff Wiederbelebung oder Reanimation zusammenfaßt. Diese Maßnahme sollten Sie ergreifen, wenn die Atmung oder der Herzschlag Ihrer Katze ausgesetzt haben. Um effektiv zu sein, muß die Herzmassage rhythmisch durchgeführt werden und mit der Mund-zu-Nase-Beatmung des Tieres abgewechselt werden.

Beide Maßnahmen sollten nur dann angewandt werden, wenn die Katze offensichtlich bewußtlos ist und ohne Ihre Hilfe sterben würde.

Selbst wenn einem die beste medizinische Ausrüstung zur Verfügung steht, kann es sehr schwer sein, die Atmung und Herztätigkeit einer Katze wieder zu aktivieren. Bei heftigen inneren Blutungen zum Beispiel ist es ganz unmöglich. Wenn Sie keinen Erfolg haben, sollten Sie sich deshalb keine Vorwürfe machen.

Künstliche Beatmung

Wenn die Atmung Ihrer Katze ausgesetzt hat:

1. Legen Sie die Katze auf die Seite. Entfernen Sie mögliche Fremdkörper aus der Kehle und den Nasenlöchern, damit Sie wieder Luft bekommen kann, und ziehen Sie die Zunge nach vorn.
2. Schließen Sie das Mäulchen Ihrer Katze. Legen Sie die Hand darum, positionieren Sie Ihren Mund

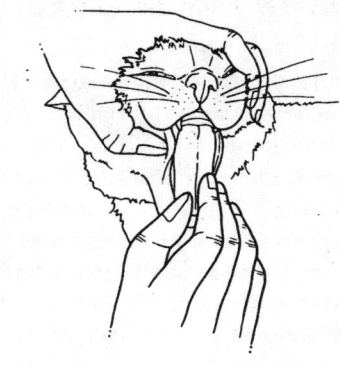

Entfernen von
Fremdkörpern aus
Kehle oder Nase

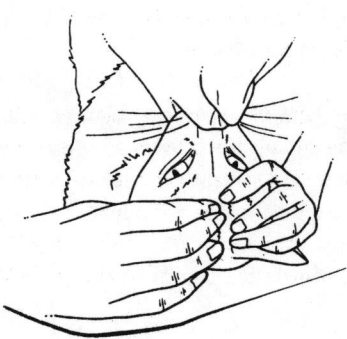

Halten Sie mit der
Hand die
Schnauze
geschlossen, und
blasen Sie Luft in
die Lunge der
Katze.

über die Nase, und blasen Sie Luft hinein, bis Sie
erkennen können, wie sich der Brustkorb weitet.

3. Machen Sie eine Beatmungspause, und warten
Sie, bis die Lungen sich wieder entleert haben.
4. Wiederholen Sie diese Prozedur zwanzig bis
dreißigmal pro Minute.
5. Messen Sie alle zehn Sekunden den Puls, um sicher zu gehen, daß das Herz noch schlägt.
6. Wenn der Herzschlag ausgesetzt hat, führen Sie

eine Herzmassage durch, die Sie mit der künstlichen Beatmung kombinieren.

7. Suchen Sie so schnell wie möglich die professionelle Hilfe eines Veterinärs auf.

Herzmassage

Ertasten Sie den Herzschlag oder den Puls. Drücken Sie auf das Zahnfleisch, und überzeugen Sie sich davon, daß die Stelle sich wieder mit Blut füllt, sobald sie den Finger wegnehmen. Falls der Herzschlag der Katze ausgesetzt hat, ergreifen Sie folgende Maßnahmen.

1. Legen Sie die Katze auf die Seite, möglichst so, daß der Kopf niedriger liegt als der Körper. Nehmen Sie die Brust zwischen Daumen und Finger, und zwar genau hinter dem Ellbogen der Katze. Die andere Hand legen Sie ihr auf den Rücken.

Herzmassage:

Der Daumen und die Finger der einen Hand kneten die Brust und drücken die Rippen zusammen, während die andere Hand den Körper unterstützt. (Vorsicht, wenn die Rippen bereits gebrochen sind, sollten Sie darauf achten, daß Sie das Herz nicht verletzen.)

2. Pressen Sie die Finger fest zusammen, so daß die Brust zusammengedrückt wird, wobei Sie sie in Nackenrichtung streichen. Massieren Sie ener-

gisch, aber nicht hart. Machen Sie sich keine Gedanken darüber, ob Sie der Katze damit Verletzungen zufügen. Schließlich geht es um Leben und Tod des Tieres.

3. Wiederholen Sie diese pumpende Handbewegung hundertmal in der Minute; arbeiten Sie schnell und energisch.

4. Führen Sie eine fünfzehnsekündige Herzmassage durch, dann erfolgt die Mund-zu-Nase-Beatmung für weitere zehn Sekunden.

5. Fühlen Sie den Puls. Fahren Sie mit der Herzmassage fort, bis der Puls wiederkehrt, dann konzentrieren Sie sich voll und ganz auf die Beatmung.

6. Suchen Sie so bald wie möglich einen Tierarzt auf.

Reanimation durch eine Person:

- Massieren Sie das Herz fünfzehn Sekunden lang.
- Führen Sie eine zehnsekündige Mund-zu-Nase-Beatmung durch.
- Fahren Sie fort, bis Herzschlag und Atmung wieder einsetzen.
- Halten Sie die Katze warm, und suchen Sie sofort einen Tierarzt auf.

Reanimation durch zwei Personen:

- Eine Person führt zehn Sekunden lang eine Herzmassage durch, dann pausiert sie.
- Die zweite Person gibt zwei Atemzüge in die Nase der Katze.
- Diese Prozeduren sollten Sie in gleichmäßigem Rhythmus wiederholen.
- Wenn das Herz wieder zu schlagen beginnt, fahren Sie mit der Atemspende fort.

■ Die Person, die die Herzmassage durchgeführt hat, kann nun den Transport zum Tierarzt vorbereiten.

Reanimation durch drei oder mehr Personen:

■ Eine Person führt die Herzmassage durch, die zweite beatmet die Katze, und die dritte übt Druck auf die Leistengegend aus.
(Wenn man die Hinterläufe anhebt und auf die Leiste Druck ausübt, wird mehr Blut ins Gehirn transportiert, wo es am stärksten benötigt wird.)

Zunächst hebt man die Hinterläufe an. Dann übt man Druck auf die Leiste aus, um so viel Blut wie möglich ins Gehirn umzuleiten.

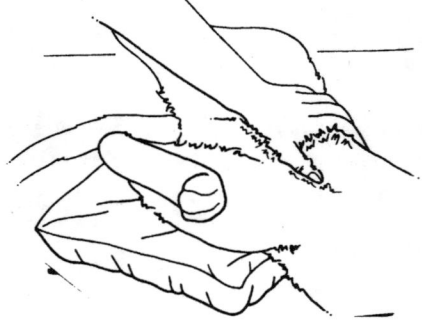

Das Säubern von Wunden

Wenn Sie Ihre Katze untersuchen, entdecken Sie vielleicht eine schmerzhafte Verletzung, die der Versorgung bedarf. Achten Sie darauf, ihrem Haustier so wenig zusätzliche Beschwerden wie möglich zu bereiten, denn sogar die sanfteste Katze wird beißen und kratzen, wenn sie verängstigt ist oder

Schmerzen hat. Üben Sie diese Form der Ersten Hilfe, wenn Ihre Katze entspannt und gesund ist, indem Sie sie auf Wunden untersuchen und dann einen bestimmten Abschnitt säubern, wie Sie es bei einer tatsächlichen Verletzung täten.

Wunden können entweder *geschlossen* sein – d. h., die Haut ist nicht verletzt – oder *offen* – d.h., die Haut ist verletzt. Brüche können mit beiden Formen der Verwundung einhergehen. Bei den meisten Verletzungen dieser Art besteht die Gefahr einer Infektion.

Geschlossene Wunden

Geschlossene Wunden können recht trügerisch sein. Da die Haut nicht sichtbar verletzt ist, sieht es aus, als ob nur wenig Schaden entstanden wäre. Aber eine solche Verletzung ist nicht zu unterschätzen. Unter der Oberfläche können sich ernste innere Verletzungen verbergen, deren volles Ausmaß Sie vielleicht tagelang nicht erkennen können. Selbst wenn Wunden unauffällig aussehen, sollten Sie Ihren Tierarzt anrufen und professionellen Rat einholen.

Die Symptome einer geschlossenen Wunde sind folgende:

- Schwellungen
- Schmerzen
- Verfärbung, die von einer Prellung unter der Haut herrührt
- Übermäßige Hitzeentwicklung an einem bestimmten Körperteil
- Oberflächliche Verletzungen wie Schürfwunden oder ähnliches.

Erste Hilfe bei geschlossenen Wunden:

1. Legen Sie so schnell wie möglich eine kalte Kompresse darauf. (Eine Tüte mit gefrorenen Erbsen ist eine ideale Kompresse, denn sie taut schneller auf als Eis und paßt sich den Konturen der verletzten Körperregion an.)

Anlegen einer
Eiskompresse

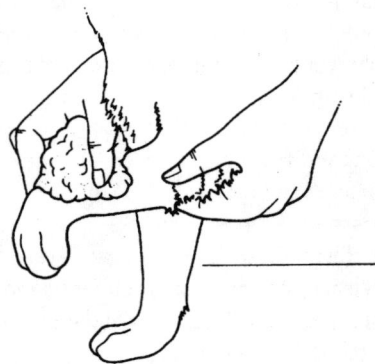

2. Säubern Sie oberflächliche Schürfwunden mit Salzwasser (1 Teelöffel Salz auf 1/4 Liter Wasser) oder dreiprozentiger Wasserstoffperoxydlösung.
3. Halten Sie nach anderen versteckten Verletzungen Ausschau, insbesondere, wenn Ihre Katze von einem Auto angefahren wurde. Rufen Sie Ihren Tierarzt an, um mit ihm das weitere Vorgehen zu besprechen.

Offene Wunden

Wenn die Haut stark verletzt wurde, kann das darunterliegende Gewebe durch Schmutz und Bakterien infiziert werden. Zunächst müssen Sie so schnell wie möglich die Blutung stoppen, um zu verhindern, daß die Katze weiteren Schaden nimmt, und ihren Schmerz lindern. Danach sollten Sie so schnell wie möglich Ihren Tierarzt aufsuchen. Denken Sie daran: Auch wenn offene Wunden zunächst schwerwiegender aussehen, können innere Schäden unter geschlossenen Wunden gleichermaßen lebensbedrohlich sein.

Eine offene Wunde liegt vor, wenn folgende Kriterien erfüllt sind:

- Verletzte Haut, oftmals nur eine kleine Stich- oder Schnittwunde
- Schmerzen
- Blutungen
- Die Katze schenkt einer Körperregion besondere Aufmerksamkeit und leckt daran

Erste Hilfe bei offenen Wunden:

Stark blutende Wunden

1. Stoppen Sie die Blutung, indem Sie Druck auf die Wunde ausüben. Wenn Sie kein Erste-Hilfe-Material wie eine Mullkompresse zur Hand haben, nehmen Sie ein sauberes, saugfähiges Tuch wie zum Beispiel Küchenkrepp. Nehmen Sie das blutdurchtränkte Tuch nicht fort. Das könnte die Blutgerinnung, die darunter eingesetzt hat, stören, so daß die Blutung wieder einsetzt. Verwenden Sie in diesem Fall keine Desinfektionsmittel oder Antiseptika.

Pressen Sie ein
saugfähiges Tuch
zwei Minuten lang
mit der Hand
direkt auf die
Wunde.

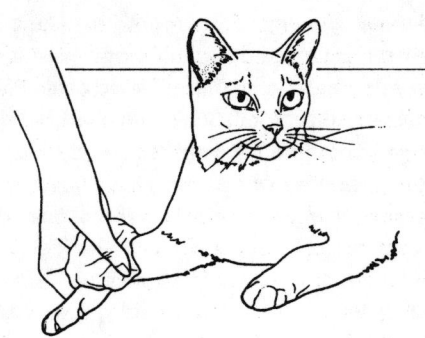

2. Nehmen Sie, wenn nötig noch mehr saugfähiges
   Material zu Hilfe. Sorgen Sie dafür, daß die ver-
   wundete Stelle höher als das Herz der Katze
   liegt. *Aber heben Sie auf keinen Fall ein möglicherweise gebrochenes Bein an.*
3. Untersuchen Sie das Tier auf Schockreaktionen,
   und behandeln Sie es dementsprechend (siehe
   Seite 22ff).

Detaillierte Instruktionen, wie Sie die Blutungen an
den verschiedenen Körperteilen stillen können, wo
Sie die optimalen Druckpunkte finden, und wie Sie
eine Aderpresse anlegen, finden Sie unter der Überschrift *Blutungen* auf Seite 105.

Wunden, die nicht stark bluten

Säubern und
Desinfizieren von
Wunden

1. Spülen Sie kleine Wunden mit dreiprozentiger
   Wasserstoffperoxydlösung, Salzwasser oder sauberem Mineral- oder Leitungswasser.
2. Entfernen Sie offensichtlichen Schmutz, Sand,
   Splitter oder anderes aus der Wunde, und zwar
   entweder mit den Fingern oder unter Zuhilfe-

nahme einer Pinzette. Säubern Sie die Haut und
das Fell in der Umgebung der Wunde mit Wasser
und Seife. Ziehen Sie größere Objekte wie Pfeile,
Holzsplitter oder Metallstückchen nicht heraus –
die Folge könnten unstillbare Blutungen sein. Suchen Sie sofort den nächsten Tierarzt auf. (Eine
Blumenspritze mit sauberem Wasser ist ein idea-
les Hilfsmittel zur Säuberung von Wunden. Stellen Sie hierzu die Düse auf »Strahl« und nicht auf
»Nebel«.)

3. Wenn sich Haare in der Wunde befinden, schneiden Sie sie solange die Wunde noch feucht sind;
   dann können Sie sie leichter entfernen. Eine andere Alternative besteht darin, die Schere mit etwas Vaseline zu fetten, so daß die geschnittenen
   Haare an ihr kleben bleiben. Auf keinen Fall jedoch sollten Sie die Vaseline auf die Wunde auftragen. Sie ist nicht wasserlöslich und später nur
   schwer wieder zu entfernen.

4. Wenn die Wunde gesäubert und oberflächlich
   desinfiziert ist, tupfen Sie sie mit einem sauberen
   Tuch trocken. Vermeiden Sie es, die Wunden
   trocken zu reiben, damit können Sie die Verletzung nur verschlimmern.

   Kleine, offene Wunden darf man nicht unterschätzen: die Verletzungen können trotzdem tief
   und schwerwiegend sein. Denken Sie auch immer
   an das Infektionsrisiko. Nachdem Sie sofortige
   Erste Hilfe geleistet haben, sollten Sie so bald wie
   möglich den Tierarzt aufsuchen.

Abszesse

Katzen leiden häufig unter Abszessen, die durch Bisse anderer Katzen hervorgerufen wurden. Die be-

troffene Katze ist dann häufig reizbar, »knurrig«
oder sie benimmt sich wie ein Kater kurz nach einem Kampf.

Filzstellen im Fell   Halten Sie nach kleinen verfilzten und vertrock-
neten Haarklumpen im Fell Ausschau. Diese Filz-
stellen bilden sich über *Fleischwunden.* Wenn Sie fün-
dig werden, sollten Sie innerhalb der nächsten
vierundzwanzig Stunden einen Tierarzt aufsuchen.

Wie Sie spezifische Wunden behandeln, erfah-
ren Sie in den Kapiteln *Angelhaken* (Seite 89),
Fleischwunden, in dem wir auch auf Abszesse durch
Katzenbisse eingehen (Seite 128), und *Knochenbrüche* (Seite 167).

Das Anlegen von Verbänden

Verbände tragen dazu bei, daß die Wunde trocken
bleibt und schützt sie vor weiteren Verletzungen,
einschließlich derjenigen, die sich die Katze durch
Beißen, Kauen oder übermäßiges Lecken selbst bei-
bringt. Außerdem verhindern sie, daß die Wunden
sich weiter infizieren, und sie nehmen Eiter und
Wundflüssigkeit auf. Zudem übt ein Verband ständi-
gen leichten Druck auf die Wunde aus, wodurch der
Schmerz gelindert und die Blutung gestillt wird. Allerdings kann man Katzen, die voll bei Bewußtsein
sind, in der Regel keinen Verband anlegen – sie weh-
ren sich mit aller Kraft dagegen. Wenn trotzdem ein
Verband notwendig ist, suchen Sie einen Tierarzt
auf.

Die folgenden Erste Hilfe Maßnahmen zum Anlegen eines Verbandes schildern wir Ihnen also eher
zu Ihrer Information als zu praktischen Zwecken.

Allgemeine Verbandstechnik

1. Nach der Säuberung, Desinfizierung und dem Trocknen der Wunde legen Sie eine saugfähige Mullkompresse auf die betroffene Stelle.
2. Wickeln Sie nun Gaze darum. Achten Sie darauf, daß Sie mit dem Verbinden am Rand der Mullkompresse beginnen und daß diese nicht verrutscht.
3. Halten Sie das Ende der Verbandsgaze mit einer Hand fest, damit er nicht ausfasert. Dann befestigen Sie an eben jener Stelle die erste Lage Klebepflaster. Das Klebepflaster sollte an beiden Enden über den Verband hinausragen, so daß es an diesen Stellen auch am Fell festklebt. Das verhindert ein Verrutschen. Benutzen Sie keine elastischen Gummibänder, um den Verband zu befestigen. Sie können die Blutzirkulation hemmen und zu schlimmen Folgeschäden führen.
4. Halten Sie den Verband trocken und sauber. Wenn nötig, decken Sie ihn ab, wenn Ihre Katze Ihr Geschäft verrichtet. Vermeiden Sie, daß der Verband naß wird.
5. Lassen Sie den Verband nicht übermäßig lange angelegt. Das erhöht wiederum das Infektionsrisiko und birgt die Gefahr in sich, daß aufgrund der schlechten Blutzirkulation Gewebe abstirbt.
6. Verbundene Wunden sind sehr anfällig für Infektionen. Wenn eine Wunde anschwillt oder Eiter absondert, sollten Sie sofort Ihren Tierarzt aufsuchen. Wenn von der Wunde ein unangenehmer Geruch ausgeht, entfernen Sie schnellstens den Verband und nehmen augenblicklich professionelle Hilfe in Anspruch.

Achtung:
Infektionsrisiko!

7. Halten Sie die Katze im Haus, bis die Wunde verheilt ist und der Verband wieder abgenommen werden kann. Vermeiden Sie es währenddessen auch, mit dem Tier zu spielen.

8. Wenn Ihre Katze an dem Verband leckt oder zerrt, kann Ihnen Ihr Tierarzt einen Halskragen geben, der getragen werden muß, bis der Verband entfernt wird. Lassen Sie es nicht zu, daß Ihre Katze versucht, den Verband zu entfernen. Auf Seite 43ff können Sie nachlesen, wie man im Notfall einen Halskragen anlegt.

Das Anlegen einer Schiene

In aller Regel ist es unmöglich, einer Katze eine Schiene anzulegen, ohne sie vorher zu narkotisieren. Die Katze krümmt und windet sich, während sie versucht, die Schiene zu vermeiden, was noch mehr Schaden anrichten kann, als die Wunde völlig unversorgt zu lassen. Versuchen Sie deshalb niemals, einer Katze eine feste Schiene anzulegen. Um ein herunterbaumelndes Bein an der Bewegung zu hindern, ziehen Sie der Katze ein kleines T-Shirt über, durch das das verletzte Bein dicht am Körper gehalten wird. Eine solche Stützkonstruktion kann man auch sehr wirkungsvoll aus alten Strümpfen oder Strumpfhosen herstellen.

Um ein Vorderbein zu schienen:

1. Schneiden Sie von einer Strumpfhose ein Bein ab, und entfernen Sie den Fußteil, so daß Sie nur noch einen Strumpfschlauch haben. Ziehen Sie diesen Schlauch über den Körper der Katze.

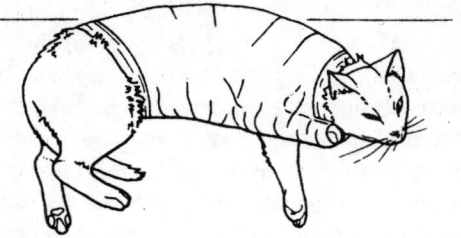

Eine Vorder-
beinschiene aus
einem Damen-
strumpf

2. Befestigen Sie die Ränder dieser Konstruktion
   mit *einem* Leukoplaststreifen am Körper der
   Katze, und schneiden Sie ein Loch in den vorde-
   ren Teil, damit die Katze das gesunde Bein hindurchschieben kann.

Um ein Hinterbein zu schienen:

1. Schneiden Sie ein Bein von einem Damenstrumpf
   ab, und ziehen Sie es der Katze von hinten über
   den Rumpf. Befestigen Sie die Schnittkante des
   Strumpfes mit einem Leukoplaststreifen an der
   Brust.
2. Schneiden Sie hinten ein Loch heraus, damit die
   Katze das gesunde Bein hindurchschieben kann.

Wenn man bei einem Bruch den Knochen sieht, legen Sie vor dem Schienen eine saubere Mullkompresse über die Wunde. Geben sie *keine* Salbe auf
den Mull.

Bei jeder schweren Verletzung sollten Sie überprüfen, ob Ihre Katze einen Schock erlitten hat.
Ein Schock ist lebensgefährlich. Die Schockbehandlung hat absoluten Vorrang vor dem Schienen
von Knochen.

Das Anlegen einer Aderpresse

Aderpressen sind gefährlich und können mehr schaden als nützen. Es ist unwahrscheinlich, daß eine Katze aufgrund einer Wunde am Bein verblutet. Statt einer Aderpresse sollten Sie nur Druck ausüben, um die Blutung zu stoppen. Wenn das Tier von einer giftigen Schlange gebissen wurde, sollten Sie durch kalte Kompressen und Ruhigstellung dafür sorgen, daß das Gift sich nicht im Körper ausbreitet. Legen Sie nur dann eine Aderpresse an, wenn Sie die Blutung am Bein nicht anders stoppen können. Das Anlegen einer Aderpresse sollten Sie bei Ihrer Katze keinesfalls üben. Es wäre schmerzhaft und unangenehm für das Tier.

1. Wickeln Sie ein Stück Stoff (eine Krawatte, einen weichen Gürtel, ein zerrissenes Bettuch oder Gaze) über die blutende Wunde und machen Sie einen Knoten.

Binden Sie eine festen Knoten, und führen Sie einen Bleistift unter den Stoff.

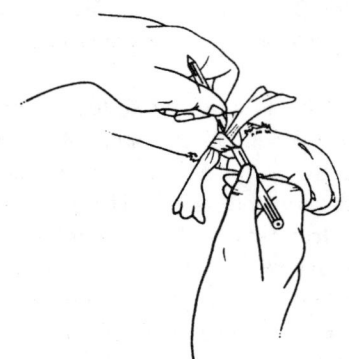

2. Schieben Sie einen Stift, Stab oder einen anderen festen, schlanken Gegenstand in die Schlaufe und drehen Sie ihn, bis die Blutung aufhört.

3. Binden Sie den Bleistift mit einem weiteren Stück
   Verband fest, wobei die Bandage stramm sitzen
   sollte. Suchen Sie sofort einen Tierarzt auf.

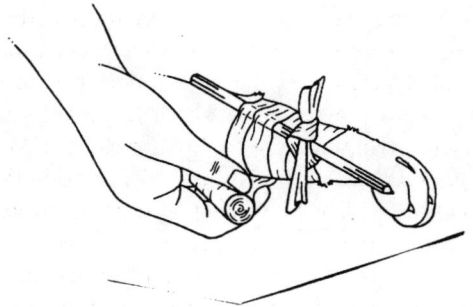

Binden Sie die
Aderpresse fest.

*Eine feste Aderpresse stoppt jegliche Blutzufuhr. Wenn
sie nicht innerhalb von fünfzehn Minuten wieder entfernt wird, riskieren Sie das Absterben des Gliedes.*

Die Herstellung eines Halskragens

Gelegentlich wird es vielleicht notwendig sein, Ihre
Katze daran zu hindern, verletzte Stellen am Körper abzulecken, darauf herumzubeißen oder sich
das Gesicht zu reiben, wenn sie dort verwundet
wurde. In einem solchen Notfall können Sie selbst
einen Halskragen anfertigen. Schneiden Sie zum Beispiel den Boden aus einem Plastikblumentopf oder
Eiscremebehälter geeigneter Größe aus, oder rol-
len Sie ein fächerförmiges Stück Pappe zusammen.
Der Halskragen wird durch Gazestreifen am Hals
der Katze festgebunden.

Aus einem
Blumentopf einen
Halskragen
basteln.

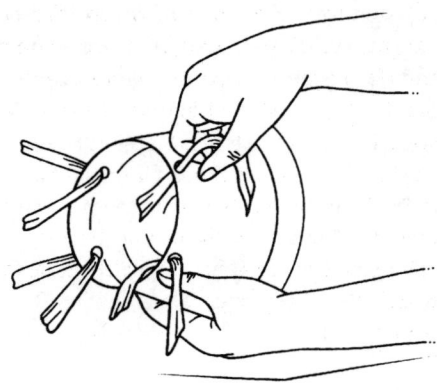

Das Anbringen
eines Halskragens:

Achten Sie darauf,
daß der Kragen
nicht zu fest sitzt.
Er sollte gerade
eben über den
Kopf der Katze
passen.

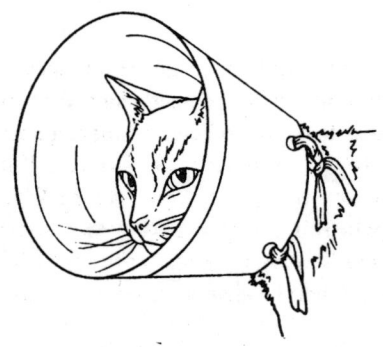

1. Schneiden Sie den Boden eines Plastikblumen-
   topfes aus. Machen Sie vier Löcher in den Topf,
   und führen Sie vier Gazestreifen hindurch. Sorgen Sie dafür, daß die Schnittkanten nicht ausge-
   franst sind und daß sie den Nacken der Katze
   nicht verletzen. Verkleiden Sie die Kanten am be-
   sten mit Leukoplast.

2. Genausogut können Sie ein Stück Pappe fächerförmig zurechtschneiden und es anschließend aufrollen oder kegelförmig zusammenbinden.
3. Legen Sie der Katze ein Halsband an. Wenn dies nicht möglich ist, dann basteln Sie ein provisorisches Halsband aus einem Stück Gaze, das Sie ihr lose um den Hals binden. Schieben Sie der Katze den Blumentopf über den Kopf und binden Sie ihn mit den vier Gazestreifen am Halsband fest.
4. Nehmen Sie den Halskragen erst mit dem Tierarzt zusammen ab.

Hochheben, Tragen und Transport einer Katze

Beim Hochheben und Transportieren einer verletzten Katze muß man sehr vorsichtig sein. Eine rauhe Umgangsweise kann weiteren Schaden anrichten und ist zudem sehr schmerzhaft. Verletzte Katzen neigen dazu, um sich zu beißen und zu kratzen. Wenn Sie gebissen oder heftig gekratzt werden, sollten Sie Ihre Wunden immer fachmännisch versorgen lassen. Wenn Ihre Katze friedlich, fit und ge-

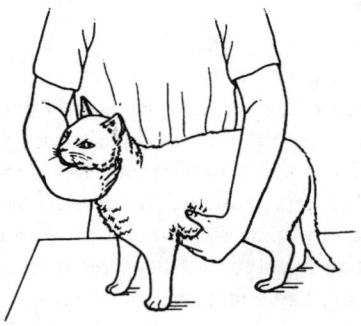

Eine Hand hält und unterstützt den Hals, um die Katze davon abzuhalten, sich umzudrehen und zu beißen. Die andere stützt den Brust- und Bauchbereich.

sund ist, sollten Sie das Hochheben, Tragen und Transportieren üben, so daß Sie beide Erfahrung darin haben, wenn ein Notfall eintritt.

Kleinere Verletzungen

1. Wenn eine verletzte Katze bereit ist, in die eigene Transportkiste zu klettern, lassen Sie sie gewähren.
2. Wenn nicht, heben Sie die Katze hoch, indem Sie eine Hand unter ihren Hals legen, während Sie mit der anderen den Rücken und den Körper der Katze stützen.
3. Drücken Sie die Katze sanft gegen Ihren Körper, um ihren Rücken zu schützen. Halten Sie die Hand unter der Brust und heben Sie sie hoch, um sie in die Transportkiste zu legen. Vorher sollten Sie diese Kiste mit einer Decke oder einem Handtuch ausgelegt haben, damit die Katze weich liegt.

Kritische Verletzungen

Kritische Verletzungen sind all solche, durch die die Katze nicht mehr in der Lage ist, sich weiterzubewegen, wie zum Beispiel bei Brüchen oder Lähmungen. Wenn Sie eine Katze mit derlei Verletzungen hochheben, müssen Sie äußerst vorsichtig vorgehen.

- Unterstützen Sie den Rücken.
- Halten Sie gebrochene Beine nach oben.
- Wenn die Brust verletzt ist, halten Sie die verletzte Seite unten und die unverletzte Lungenseite oben. (Wenn die Brust verletzt und die Beine

gebrochen sind, dann gebührt der verletzten Brust der Vorrang.)

■ Lassen Sie die Katze ihre eigene bequeme Lage zum Atmen finden.

1. Achten Sie darauf, daß der Rücken der Katze Ihnen zugewandt bleibt.

2. Legen Sie die Katze anschließend auf ein kleines Brett oder ein großes Stück feste Pappe.

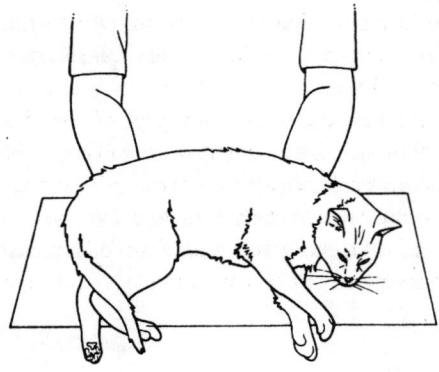

Schieben Sie eine Hand unter die Brust der Katze und die andere unter das Hinterteil. Dann ziehen Sie sie langsam auf die Bahre.

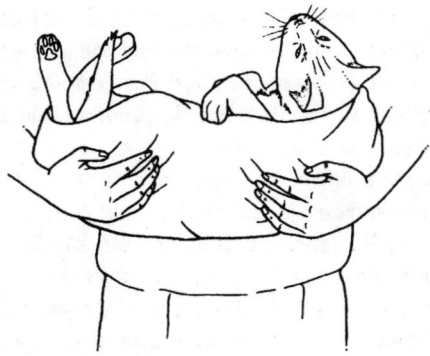

Sowohl die Vorderseite als auch das Hinterteil des Katzenkörpers werden unterstützt, während das Tier hochgehoben und auf die zusammengefaltete Decke gezogen wird.

3. Wenn Ihnen im Augenblick niemand helfen kann, legen Sie die Katze in eine Transportkiste. Decken Sie sie zu, damit sie sich nicht zu häufig bewegt und nicht auskühlt.

4. Wenn Sie gerade keinen Karton greifbar haben, legen Sie die Katze auf eine Decke oder ein großes Handtuch. Wickeln Sie die Decke um die Katze, und stützen Sie sie damit.

5. Legen Sie die Katze in eine Kiste, oder benutzen Sie die zusammengefaltete Decke, um das Tier zu unterstützen, während Sie es zum Auto tragen.

6. Halten Sie das Tier während des Transportes fest. Wenn Sie keinen Tragekorb haben und auch niemand dabei ist, der die verletzte Katze festhalten kann, wickeln Sie sie fest in eine Decke, damit sie nicht auskühlt. Nur so können Sie das Risiko eines Schocks reduzieren. Ist das Wetter kalt, so schalten Sie die Autoheizung an, damit das Tier warm bleibt.

- *Wenn die Katze schwer verletzt ist, verlieren Sie keine Zeit damit, nach Hilfsmitteln zur Unterstützung zu suchen.*

- *Fahren Sie auf dem schnellsten Wege in die Tierklinik, aber vermeiden Sie plötzliche Bewegungen, die weitere Verletzungen zur Folge haben könnten.*

- *Wenn Sie eine verletzte Katze hochheben und transportieren, sollten Sie vermeiden, ihren Körper zu verdrehen oder zu krümmen.*

- *Wenn Sie Ihre Katze zum Transport in eine Decke wickeln müssen, achten Sie darauf, daß auf die Brust kein Druck ausgeübt wird, und daß sie frei atmen kann.*

TEIL 2
WAS ALS NÄCHSTES
ZU TUN IST

BRAUCHT IHRE KATZE ÄRZTLICHE HILFE?

Die Entscheidung, ob und wann Ihre Katze ärztliche Hilfe braucht, ist häufig nicht einfach. Deshalb haben wir zu jedem Notfall, der in diesem Buch besprochen wird, eine Grafik entworfen, die Ihnen bei der Frage helfen soll, wie Sie sich nach der Ersten-Hilfe-Leistung verhalten sollten.

Wenn das Leben Ihrer Katze in Gefahr ist, das Risiko einer bleibenden Verletzung besteht oder das Problem Ihrer Katze mehr oder weniger offensichtliche Schmerzen bereitet, dann lautet die Instruktion:

Suchen Sie SOFORT einen Tierarzt auf.

Entscheidungs-
grafik
Suchen Sie SOFORT einen Tierarzt auf.	SOFORT

Das bedeutet, daß Sie so bald wie möglich handeln müssen. Rufen Sie Ihren Tierarzt an, bevor Sie etwas unternehmen, um zu überprüfen, ob er überhaupt verfügbar ist, und bringen Sie dann das Tier, so schnell es die Umstände erlauben, in die Klinik.

Andere Probleme mögen vielleicht nicht ganz so dringend sein, müssen aber trotzdem möglichst schnell vom Tierarzt behandelt werden. Bei diesen Krankheitsbildern zeigt die Entscheidungsgrafik an:

Suchen Sie den Tierarzt noch am selben Tag auf.

Bei einigen Krankheiten kann der Arztbesuch bis zum nächsten Morgen warten. Trotzdem sollten Sie sich so bald wie möglich telefonisch anmelden.

Diese Notfällen müssen also weniger dringend behandelt werden, ein baldiger Besuch beim Tierarzt bleibt jedoch erforderlich. Die Grafik zeigt folgendes an:

Suchen Sie innerhalb der nächsten 24 Stunden einen Tierarzt auf.

Viele Erkrankungen sind jedoch weder lebensbedrohlich, noch verursachen sie Schmerzen. Trotzdem wird die Behandlung durch einen Tierarzt das Leben der Katze angenehmer machen oder verlängern. Wenn dies der Fall ist, zeigt die Grafik an:

Suchen Sie den Tierarzt möglichst bald auf.

In diesem Fall kann der Arzttermin warten, bis es Ihnen und Ihrem Tierarzt paßt.

Viele Notfälle können auch zu Hause behandelt werden, ohne daß professionelle Hilfe notwendig ist. Obwohl die Gefahr von Komplikationen nur gering ist, mag es doch das ein oder andere versteckte Problem geben, welches von Ihrem Wohnumfeld,

der Jahreszeit, dem Alter, der Größe, dem Ge-
schlecht, ja sogar der Rasse Ihrer Katze abhängig ist.
Unter diesen Umständen lautet die Instruktion der
Grafik:

Rufen Sie Ihren Tierarzt an, und fragen Sie ihn um
Rat.

Viele Erkrankungen können von zu Hause aus dia-
gnostiziert und behandelt werden. Folgen Sie den
Instruktionen gewissenhaft. Wenn Ihre Katze sich
trotz Ihrer Fürsorge nicht schnell wieder erholt,
sollten Sie erneut Kontakt zu Ihrem Tierarzt auf-
nehmen.

WEITERE UNTERSUCHUNGEN

Wann, warum und wie man eine Ganzkörperuntersuchung durchführt

Wenn Sie die lebensrettende Erste Hilfe geleistet haben oder die Katze untersucht und festgestellt haben, daß sie nicht in unmittelbarer Gefahr schwebt, ist es wichtig, weitere Untersuchungen durchzuführen, um weniger offensichtliche, aber möglicherweise dennoch gefährliche, schmerzhafte oder quälende Krankheiten auszumachen. Solange Ihre Katze gesund und fit ist, sollten Sie folgende Beobachtungen und Untersuchungen durchführen:

- Beobachten Sie ihr Verhalten und ihre Reaktionen.
- Horchen Sie auf die Geräusche, die sie von sich gibt.
- Beobachten Sie ihre Aktivität und Bewegungsabläufe.
- Welche Gerüche sind für Ihre Katze normal?
- Messen Sie die Körpertemperatur.
- Untersuchen Sie Augen, Ohren, Nase und Mund.
- Untersuchen Sie Kopf und Hals.
- Untersuchen Sie Körper und Gliedmaßen.
- Untersuchen Sie Schwanz und After.
- Untersuchen Sie Haut und Fell.
- Beobachten Sie Veränderungen im Magen-Darm-Trakt.
- Beobachten Sie die Toilettengewohnheiten Ihrer Katze.

Lernen Sie das normale Verhalten Ihrer gesunden Katze kennen.

■ Beobachten Sie, ob Veränderungen in ihren Freß-
und Trinkgewohnheiten vorliegen.

■ Beobachten Sie, ob sich Gewichtsveränderungen
ergeben.

Halten Sie Ihre Untersuchungsübungen so einfach
wie möglich. Versuchen Sie nicht, alles innerhalb einer Sitzung hinter sich zu bringen: Ihre Katze wird
sich nur langweilen und versuchen, Ihnen zu entkommen. Denken Sie daran, den Gehorsam Ihrer
Katze mit Leckerbissen, Lob und Streicheln zu belohnen. Geben Sie ihr nach jedem erfolgreichen
Schritt eine Belohnung.

Bei wirklichen Notfällen werden Sie sicher nicht
immer die Zeit haben, eine vollständige Ganzkörperuntersuchung durchzuführen, aber wenn
Sie wissen, was zu tun ist, können Sie in einer solchen
Situation problemloser entscheiden, welche Körperteile der unmittelbaren Aufmerksamkeit bedürfen.

Wie man die Temperatur einer Katze mißt

Die normale Temperatur einer Katze liegt zwischen
38,1°C und 39,2°C. Nervosität und körperliche
Anstrengung lassen die Körpertemperatur anstei-
gen, ebenso hohe Außentemperaturen und Infektionen. Sinkt die Temperatur unter die normalen
Werte, so kann das auf Kälte, aber auch auf eine
Schockreaktion zurückzuführen sein. Schreiben Sie
sich die normale Ruhetemperatur auf. (Wenn möglich, sollten Sie ein digitales Thermometer benutzen.
Es ist genauer und leichter zu lesen als ein Quecksilberthermometer.)

1. Wenn Sie ein normales Quecksilberthermometer benutzen, schütteln Sie es herunter, fetten Sie die Spitze mit einer wasserlöslichen Lotion ein, und führen Sie es mit einer leicht drehenden Bewegung etwa 2,5 cm in den Mastdarm der Katze ein.
2. Halten Sie das Thermometer ebenso fest wie den Schwanz der Katze, warten Sie 90 Sekunden, dann ziehen Sie es heraus, wischen es sauber und lesen den Wert ab. Desinfizieren Sie das Thermometer nach jeder Benutzung.

■ Versuchen Sie nicht, die Temperatur Ihrer Katze im Maul zu messen.
■ Messen Sie die Temperatur Ihrer Katze nicht, wenn Sie sich heftig sträubt.

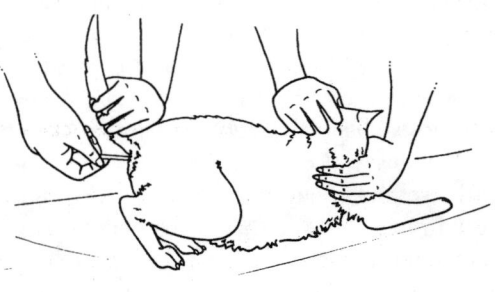

Während jemand den Körper der Katze festhält, fassen Sie den Schwanz des Tieres an der Wurzel, heben ihn hoch und führen das Thermometer in den After ein. Wenn nötig, können Sie die Katze in ein Handtuch wickeln.

Die Temperaturspanne

°C

41,1 = Kühlen Sie die Katze ab, und suchen Sie sofort einen Tierarzt auf.
40,6 = Suchen Sie noch am selben Tag einen Arzt auf.

40,0=	Fieber
39,4=	Fieber
38,9=	Normaltemperatur
38,3=	Normaltemperatur
37,8=	Normaltemperatur, könnte aber auf leichte Unterkühlung hindeuten − rufen Sie Ihren Tierarzt an.
37,2=	Suchen Sie noch am gleichen Tag den Tierarzt auf.
36,7=	Halten Sie die Katze warm, und suchen Sie sofort den Tierarzt auf.

Verhalten und Reaktion

Jede Veränderung des normalen Verhaltens ist Grund zur Sorge, auch dann, wenn die Veränderung für den Menschen angenehm ist. Wenn Ihre Katze normalerweise eher distanziert ist, sich jetzt aber lieber in Ihrer Nähe aufhält oder den ganzen Tag an der gleichen Stelle liegen bleibt, achten Sie auf mögliche gesundheitliche Probleme. Hüten Sie sich vor der Ansicht, daß eine schnurrende Katze automatisch gesund und zufrieden ist. Unerwartetes Schnurren könnte auch auf Schmerzen oder Unwohlsein hindeuten.

Geräusche und Aktivitäten

Lernen Sie die Laute Ihrer Katze kennen, die *kein* Grund zur Beunruhigung sind: das seltsame Aufeinanderklappern der Zähne, wenn sie durch das Fenster eine potentielle Beute beobachtet oder die Würgegeräusche, die sie von sich gibt, bevor sie ein

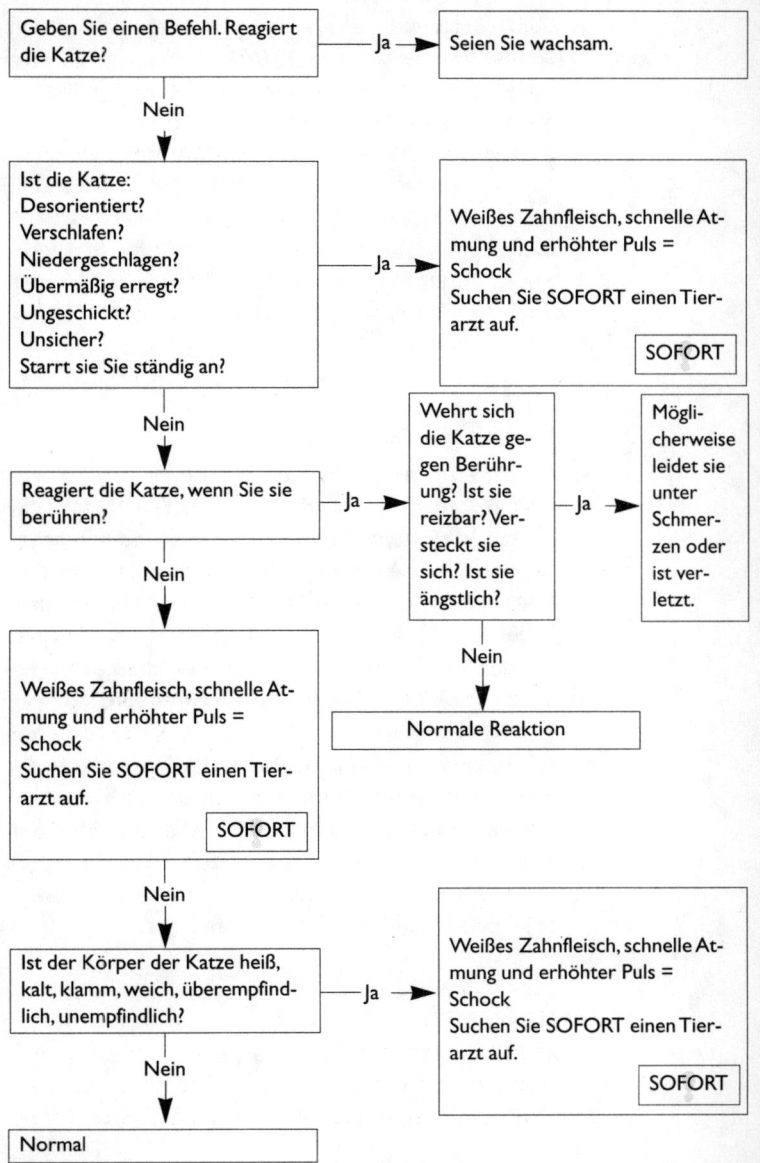

Geben Sie einen Befehl. Reagiert die Katze? — Ja → Seien Sie wachsam.

Nein ↓

Ist die Katze:
Desorientiert?
Verschlafen?
Niedergeschlagen?
Übermäßig erregt?
Ungeschickt?
Unsicher?
Starrt sie Sie ständig an?

— Ja → Weißes Zahnfleisch, schnelle Atmung und erhöhter Puls = Schock
Suchen Sie SOFORT einen Tierarzt auf.
SOFORT

Nein ↓

Reagiert die Katze, wenn Sie sie berühren? — Ja → Wehrt sich die Katze gegen Berührung? Ist sie reizbar? Versteckt sie sich? Ist sie ängstlich? — Ja → Möglicherweise leidet sie unter Schmerzen oder ist verletzt.

Nein ↓   Nein ↓

Weißes Zahnfleisch, schnelle Atmung und erhöhter Puls = Schock
Suchen Sie SOFORT einen Tierarzt auf.
SOFORT

Normale Reaktion

Nein ↓

Ist der Körper der Katze heiß, kalt, klamm, weich, überempfindlich, unempfindlich? — Ja → Weißes Zahnfleisch, schnelle Atmung und erhöhter Puls = Schock
Suchen Sie SOFORT einen Tierarzt auf.
SOFORT

Nein ↓

Normal

Fellknäuel erbricht. Versuchen Sie, auch alle anderen
ungewöhnlichen Laute zu unterscheiden, die Ihre
Katze von sich gibt, und achten Sie auf signifikante
Veränderungen ihres Verhaltens. Abnorme Geräusche sind fast immer ein Zeichen für ernsthafte Probleme, die noch am selben Tag tierärztlich behandelt
werden müssen. Veränderungen im Verhalten sollten
Sie dazu veranlassen, eine Ganzkörperuntersuchung durchzuführen und Ihren Tierarzt binnen der
nächsten Woche aufzusuchen.

Atmung

Veränderungen der normalen Atmung Ihrer Katze
können sowohl durch Angst, Schmerz und Schock-
zustände, als auch durch Verletzungen oder Erkrankungen der Atemwege hervorgerufen werden.
Nach einem schnellen Lauf wird die Atmung einer
gesunden Katze sich innerhalb weniger Minuten
wieder normalisieren. Denken Sie daran, daß Hecheln oder Keuchen bei Katzen nicht ganz so normal ist wie bei Hunden. Wenn sie hecheln, deutet
das normalerweise auf einen Hitzschlag oder – bei
stillenden Katzenmüttern – auf einen niedrigen Kalziumspiegel im Blut hin. Auch Katzen, die an einer
Herzkrankheit leiden, neigen zeitweise zum Hecheln. Manche kastrierten Kater mit Harnröhren-
gries hecheln, weil ihre Harnröhre entzündet ist.

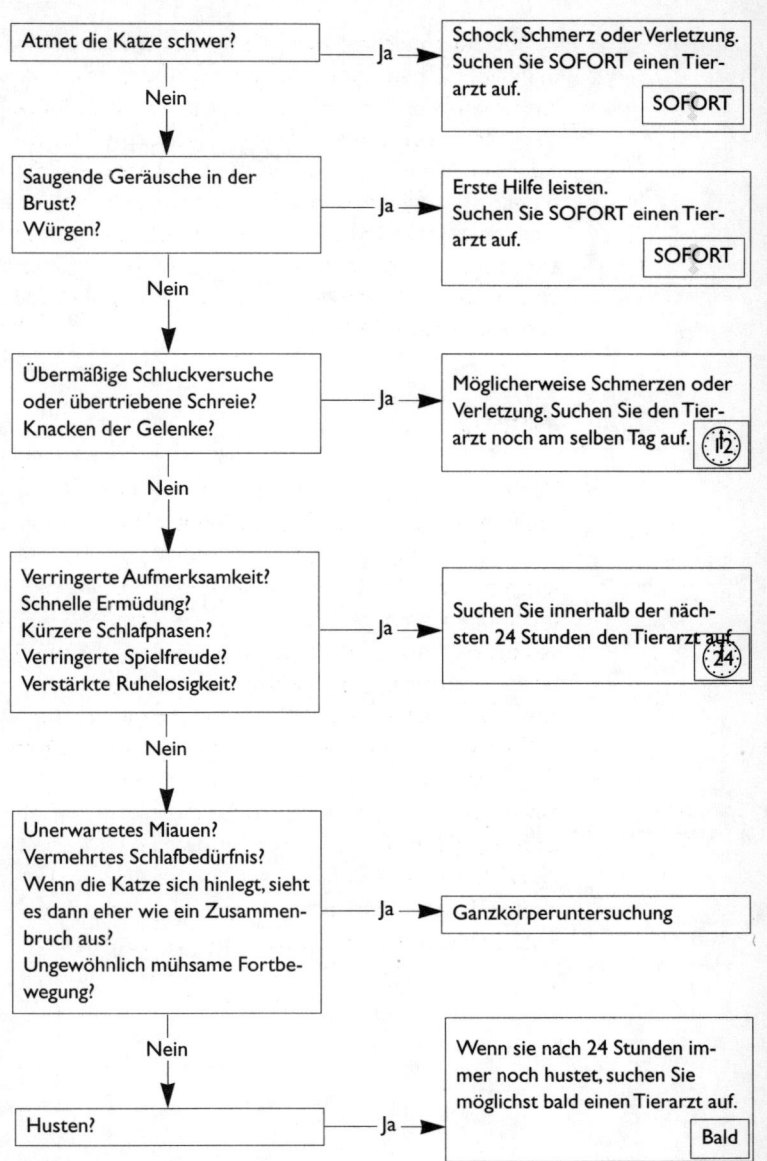

Atmet die Katze schwer? — Ja → Schock, Schmerz oder Verletzung. Suchen Sie SOFORT einen Tierarzt auf. **SOFORT**

Nein

Saugende Geräusche in der Brust? Würgen? — Ja → Erste Hilfe leisten. Suchen Sie SOFORT einen Tierarzt auf. **SOFORT**

Nein

Übermäßige Schluckversuche oder übertriebene Schreie? Knacken der Gelenke? — Ja → Möglicherweise Schmerzen oder Verletzung. Suchen Sie den Tierarzt noch am selben Tag auf.

Nein

Verringerte Aufmerksamkeit? Schnelle Ermüdung? Kürzere Schlafphasen? Verringerte Spielfreude? Verstärkte Ruhelosigkeit? — Ja → Suchen Sie innerhalb der nächsten 24 Stunden den Tierarzt auf.

Nein

Unerwartetes Miauen? Vermehrtes Schlafbedürfnis? Wenn die Katze sich hinlegt, sieht es dann eher wie ein Zusammenbruch aus? Ungewöhnlich mühsame Fortbewegung? — Ja → Ganzkörperuntersuchung

Nein

Husten? — Ja → Wenn sie nach 24 Stunden immer noch hustet, suchen Sie möglichst bald einen Tierarzt auf. **Bald**

Atmen:

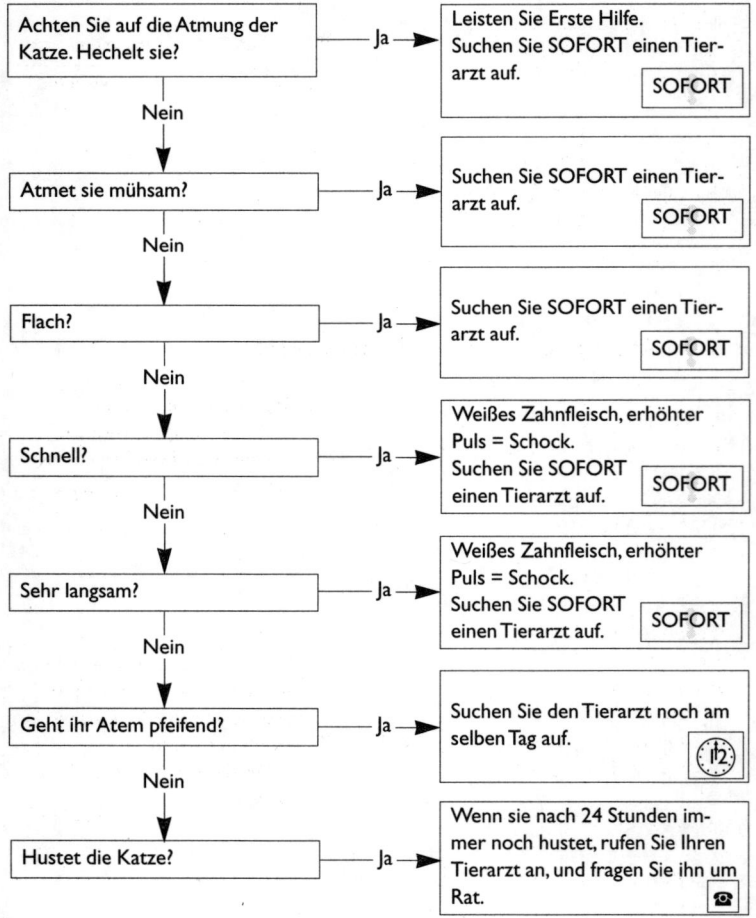

Keuchen/Hecheln:

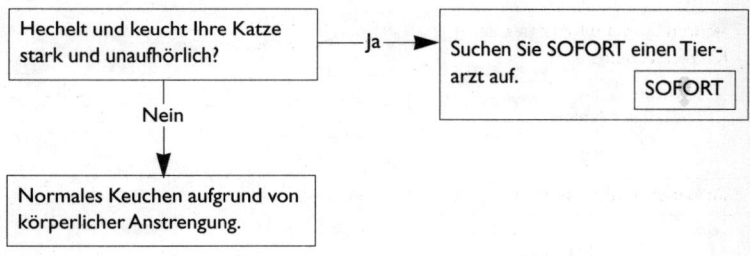

Hechelt und keucht Ihre Katze stark und unaufhörlich? —Ja→ Suchen Sie SOFORT einen Tierarzt auf. SOFORT

Nein

Normales Keuchen aufgrund von körperlicher Anstrengung.

Mit der Atmung verbundene Verhaltensweisen:

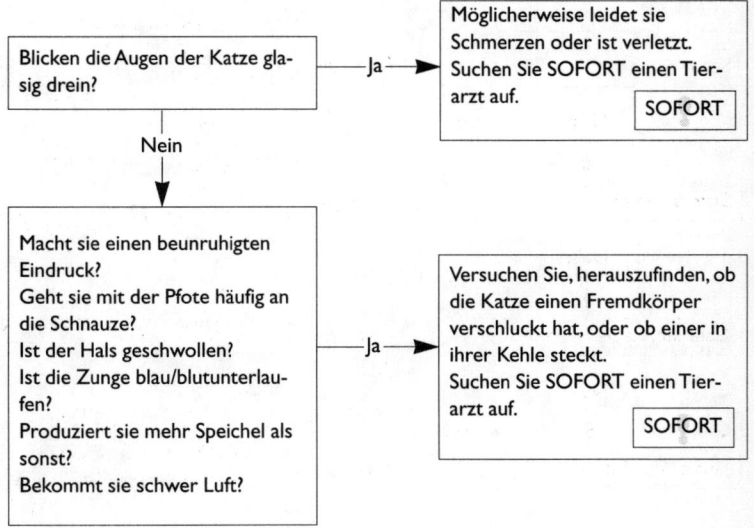

Blicken die Augen der Katze glasig drein? —Ja→ Möglicherweise leidet sie Schmerzen oder ist verletzt. Suchen Sie SOFORT einen Tierarzt auf. SOFORT

Nein

Macht sie einen beunruhigten Eindruck?
Geht sie mit der Pfote häufig an die Schnauze?
Ist der Hals geschwollen?
Ist die Zunge blau/blutunterlaufen?
Produziert sie mehr Speichel als sonst?
Bekommt sie schwer Luft?

—Ja→ Versuchen Sie, herauszufinden, ob die Katze einen Fremdkörper verschluckt hat, oder ob einer in ihrer Kehle steckt. Suchen Sie SOFORT einen Tierarzt auf. SOFORT

Allgemeines Erscheinungsbild und Bewegungsabläufe

Achten Sie auf Veränderungen.

Offensichtliche Veränderungen im Erscheinungsbild, wie zum Beispiel deutlich sichtbare Wunden, müssen sofort versorgt werden. Andere Veränderungen wie abgebrochene Zähne oder blutende oder abgerissene Nägel sind ein Zeichen für mögliche Verletzungen. Das allgemeine Erscheinungsbild und die Bewegungen Ihrer Katze können Ihnen eine Hilfestellung bieten, um zu erkennen, wie schwer die Verletzungen sind.

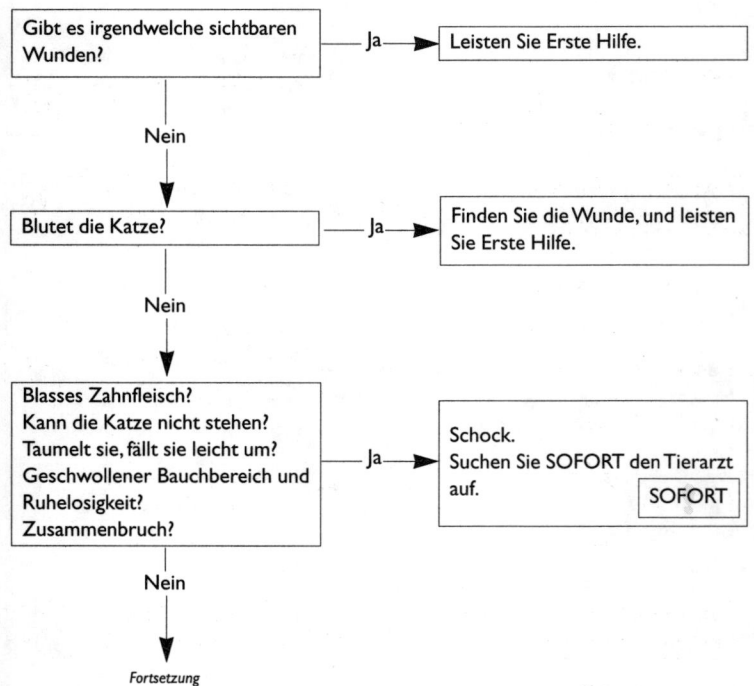

Gibt es irgendwelche sichtbaren Wunden?

Ja → Leisten Sie Erste Hilfe.

Nein

Blutet die Katze?

Ja → Finden Sie die Wunde, und leisten Sie Erste Hilfe.

Nein

Blasses Zahnfleisch?
Kann die Katze nicht stehen?
Taumelt sie, fällt sie leicht um?
Geschwollener Bauchbereich und Ruhelosigkeit?
Zusammenbruch?

Ja → Schock.
Suchen Sie SOFORT den Tierarzt auf.   SOFORT

Nein

Fortsetzung

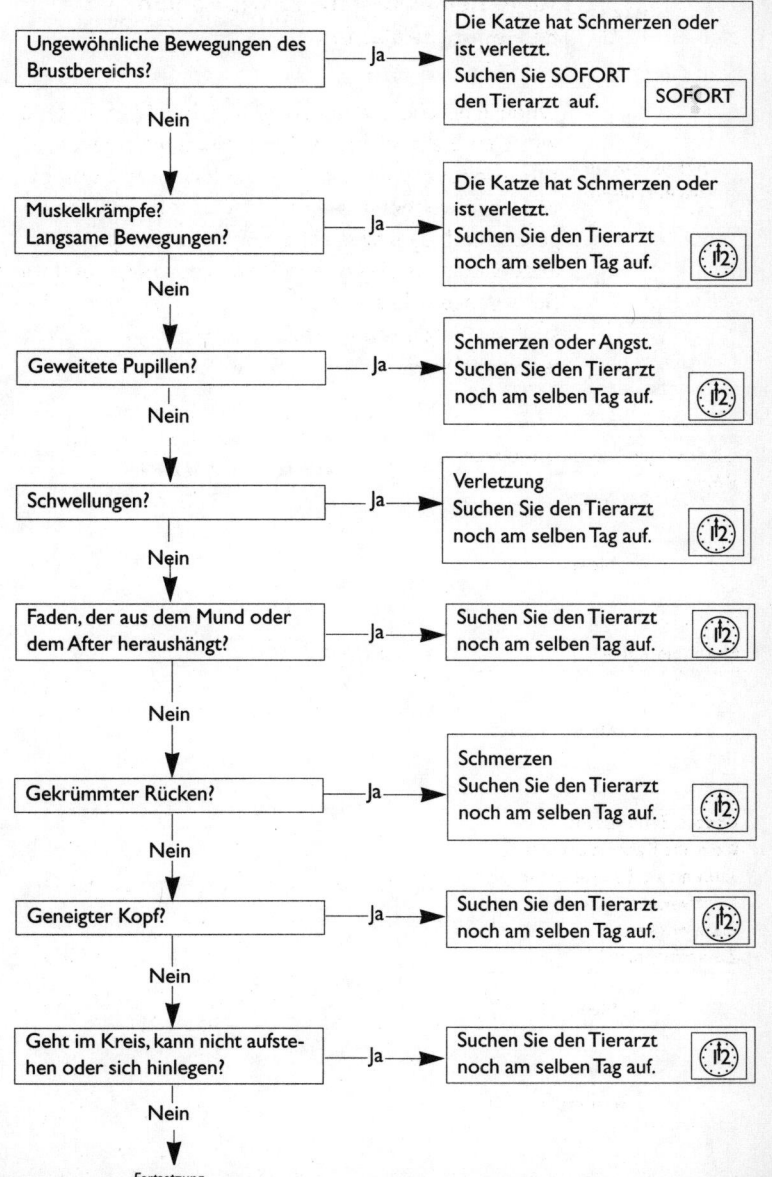

Ungewöhnliche Bewegungen des Brustbereichs? —Ja→ Die Katze hat Schmerzen oder ist verletzt. Suchen Sie SOFORT den Tierarzt auf. | SOFORT |

Nein

Muskelkrämpfe? Langsame Bewegungen? —Ja→ Die Katze hat Schmerzen oder ist verletzt. Suchen Sie den Tierarzt noch am selben Tag auf.

Nein

Geweitete Pupillen? —Ja→ Schmerzen oder Angst. Suchen Sie den Tierarzt noch am selben Tag auf.

Nein

Schwellungen? —Ja→ Verletzung Suchen Sie den Tierarzt noch am selben Tag auf.

Nein

Faden, der aus dem Mund oder dem After heraushängt? —Ja→ Suchen Sie den Tierarzt noch am selben Tag auf.

Nein

Gekrümmter Rücken? —Ja→ Schmerzen Suchen Sie den Tierarzt noch am selben Tag auf.

Nein

Geneigter Kopf? —Ja→ Suchen Sie den Tierarzt noch am selben Tag auf.

Nein

Geht im Kreis, kann nicht aufstehen oder sich hinlegen? —Ja→ Suchen Sie den Tierarzt noch am selben Tag auf.

Nein

Fortsetzung

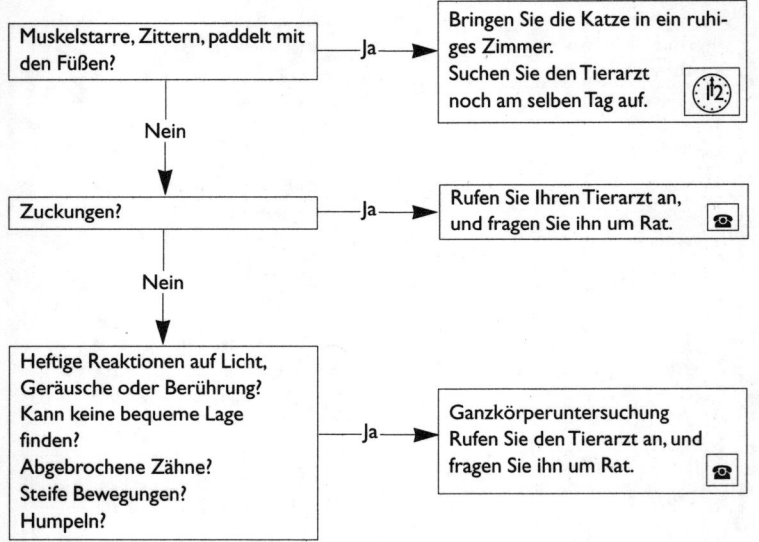

Muskelstarre, Zittern, paddelt mit den Füßen? — Ja → Bringen Sie die Katze in ein ruhiges Zimmer. Suchen Sie den Tierarzt noch am selben Tag auf.

Nein ↓

Zuckungen? — Ja → Rufen Sie Ihren Tierarzt an, und fragen Sie ihn um Rat.

Nein ↓

Heftige Reaktionen auf Licht, Geräusche oder Berührung? Kann keine bequeme Lage finden? Abgebrochene Zähne? Steife Bewegungen? Humpeln? — Ja → Ganzkörperuntersuchung Rufen Sie den Tierarzt an, und fragen Sie ihn um Rat.

Gerüche

Ungewöhnliche Gerüche können Ihnen ebenfalls einen Hinweis darauf geben, daß die Katze verletzt oder krank ist. Achten Sie auf Veränderungen.

Achten Sie auf Gerüche.

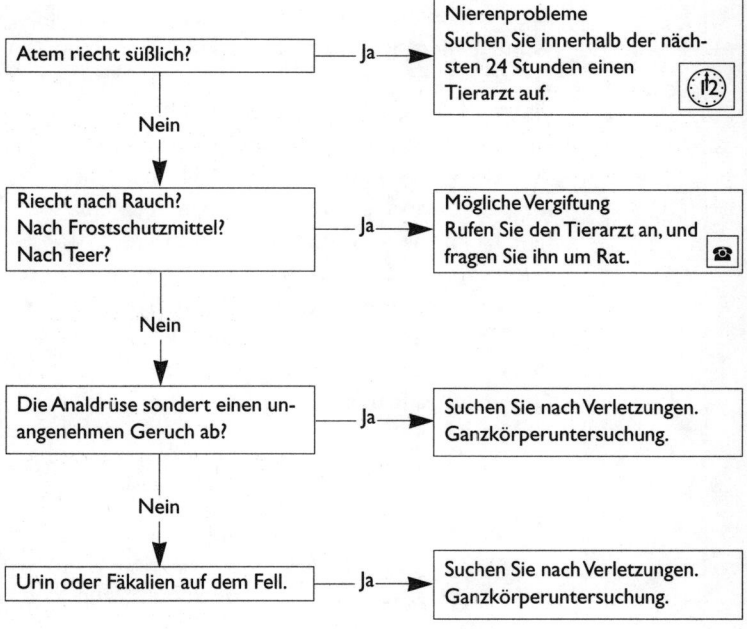

Atem riecht süßlich? — Ja →
Nierenprobleme
Suchen Sie innerhalb der nächsten 24 Stunden einen Tierarzt auf.

Nein

Riecht nach Rauch?
Nach Frostschutzmittel?
Nach Teer? — Ja →
Mögliche Vergiftung
Rufen Sie den Tierarzt an, und fragen Sie ihn um Rat.

Nein

Die Analdrüse sondert einen unangenehmen Geruch ab? — Ja →
Suchen Sie nach Verletzungen.
Ganzkörperuntersuchung.

Nein

Urin oder Fäkalien auf dem Fell. — Ja →
Suchen Sie nach Verletzungen.
Ganzkörperuntersuchung.

Untersuchung von Augen, Ohren, Nase und Mund

Augenverletzungen kommen häufig vor. Manche können leicht zu Hause behandelt werden, während andere, die nur geringfügig anders aussehen, professionelle Betreuung brauchen. Leisten Sie bei offensichtlichen Verletzungen Erste Hilfe, und schützen Sie die Augen vor weiterem Schaden. Bluten nach einem Unfall die Ohren oder die Nase, so läßt das auf eine mögliche Gehirnerschütterung schließen. Suchen Sie in einem solchen Fall so schnell wie möglich einen Tierarzt auf. Andere Probleme können häufig noch vierundzwanzig Stunden warten oder zu Hause behandelt werden. Eine schnelle Untersuchung der Augen, der Ohren, der Nase und des Mundes zeigt Ihnen nicht nur die äußeren Wunden der Katze, sondern sagt auch etwas über ihren Gesamtzustand aus.

1. Überprüfen Sie die Augen auf Sekretabsonderung, Trübung, Rötung, Blutungen oder Verletzungen. Sind trotz guter Beleuchtung die Pupillen geweitet, so bedeutet das Angst, Schmerz, Aufregung oder Schock — oder, in einigen wenigen Fällen — plötzliche Erblindung.
2. Testen Sie den Gesichtssinn der Katze, indem Sie mit Ihrem Finger vor ihrem Gesicht hin und her wedeln. Wenn Ihre Katze den Finger sehen kann, blinzelt sie.
3. Untersuchen Sie die Ohren auf Blutungen im Gehörgang oder äußere Verletzungen. Angelegte Ohren können ein Zeichen für Schmerzen oder körperliche Schwäche, aber auch für Zorn sein.

4. Untersuchen Sie die Nase auf Blutungen oder Sekretabsonderungen.
5. Suchen Sie den Mund nach Fremdkörpern, Verletzungen der Zunge oder des Gaumens ab. Innere Mundverletzungen bedeuten in der Regel,
daß ein Aufprall erfolgte, zum Beispiel durch einen Autounfall oder einen Sturz aus großer
Höhe.

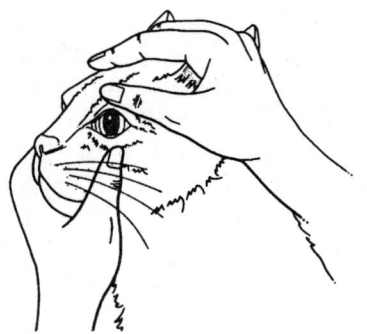

Untersuchung der
Augen:

Achten Sie auf
Anomalien.
Ungewöhnlich
geweitete Pupillen
oder Augen sind
immer Anlaß zur
Sorge.

Augen

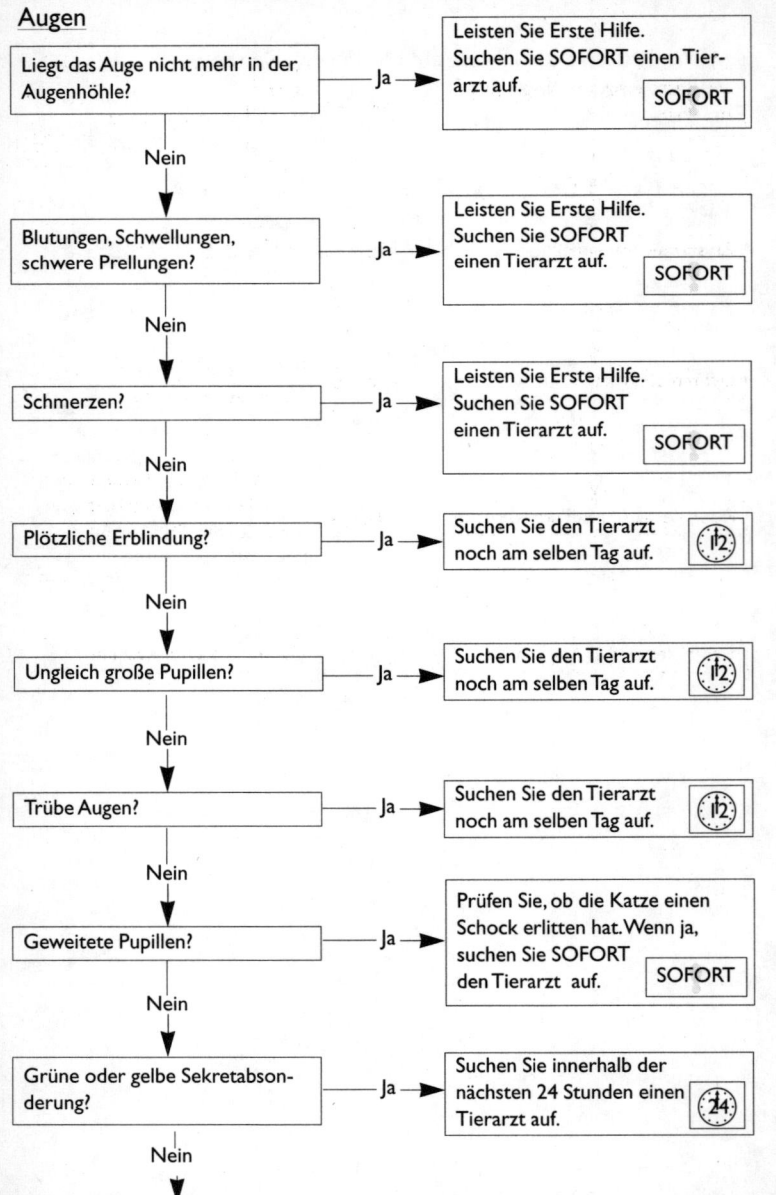

Liegt das Auge nicht mehr in der Augenhöhle?	Ja →	Leisten Sie Erste Hilfe. Suchen Sie SOFORT einen Tierarzt auf. **SOFORT**
Nein ↓		
Blutungen, Schwellungen, schwere Prellungen?	Ja →	Leisten Sie Erste Hilfe. Suchen Sie SOFORT einen Tierarzt auf. **SOFORT**
Nein ↓		
Schmerzen?	Ja →	Leisten Sie Erste Hilfe. Suchen Sie SOFORT einen Tierarzt auf. **SOFORT**
Nein ↓		
Plötzliche Erblindung?	Ja →	Suchen Sie den Tierarzt noch am selben Tag auf.
Nein ↓		
Ungleich große Pupillen?	Ja →	Suchen Sie den Tierarzt noch am selben Tag auf.
Nein ↓		
Trübe Augen?	Ja →	Suchen Sie den Tierarzt noch am selben Tag auf.
Nein ↓		
Geweitete Pupillen?	Ja →	Prüfen Sie, ob die Katze einen Schock erlitten hat. Wenn ja, suchen Sie SOFORT den Tierarzt auf. **SOFORT**
Nein ↓		
Grüne oder gelbe Sekretabsonderung?	Ja →	Suchen Sie innerhalb der nächsten 24 Stunden einen Tierarzt auf.
Nein ↓		

Fortsetzung

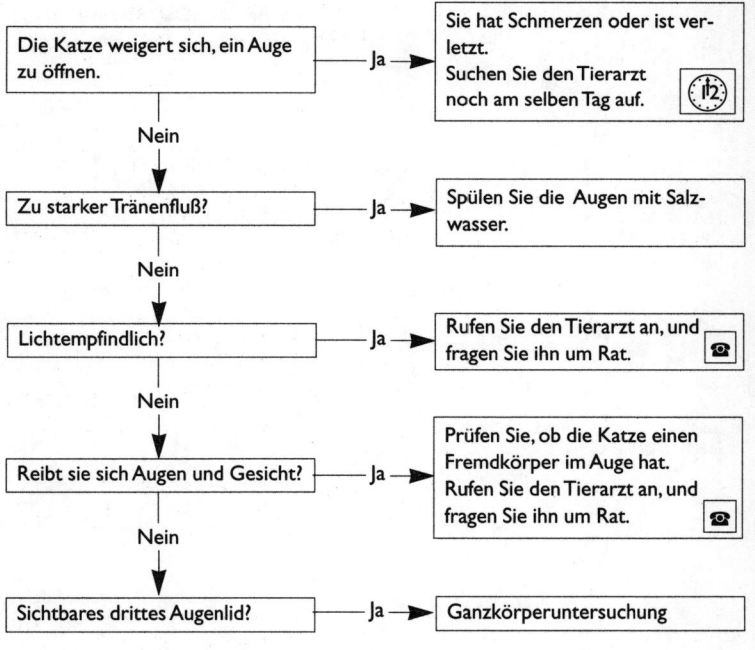

Die Katze weigert sich, ein Auge zu öffnen. — Ja → Sie hat Schmerzen oder ist verletzt. Suchen Sie den Tierarzt noch am selben Tag auf.

Nein ↓

Zu starker Tränenfluß? — Ja → Spülen Sie die Augen mit Salzwasser.

Nein ↓

Lichtempfindlich? — Ja → Rufen Sie den Tierarzt an, und fragen Sie ihn um Rat.

Nein ↓

Reibt sie sich Augen und Gesicht? — Ja → Prüfen Sie, ob die Katze einen Fremdkörper im Auge hat. Rufen Sie den Tierarzt an, und fragen Sie ihn um Rat.

Nein ↓

Sichtbares drittes Augenlid? — Ja → Ganzkörperuntersuchung

Ohren

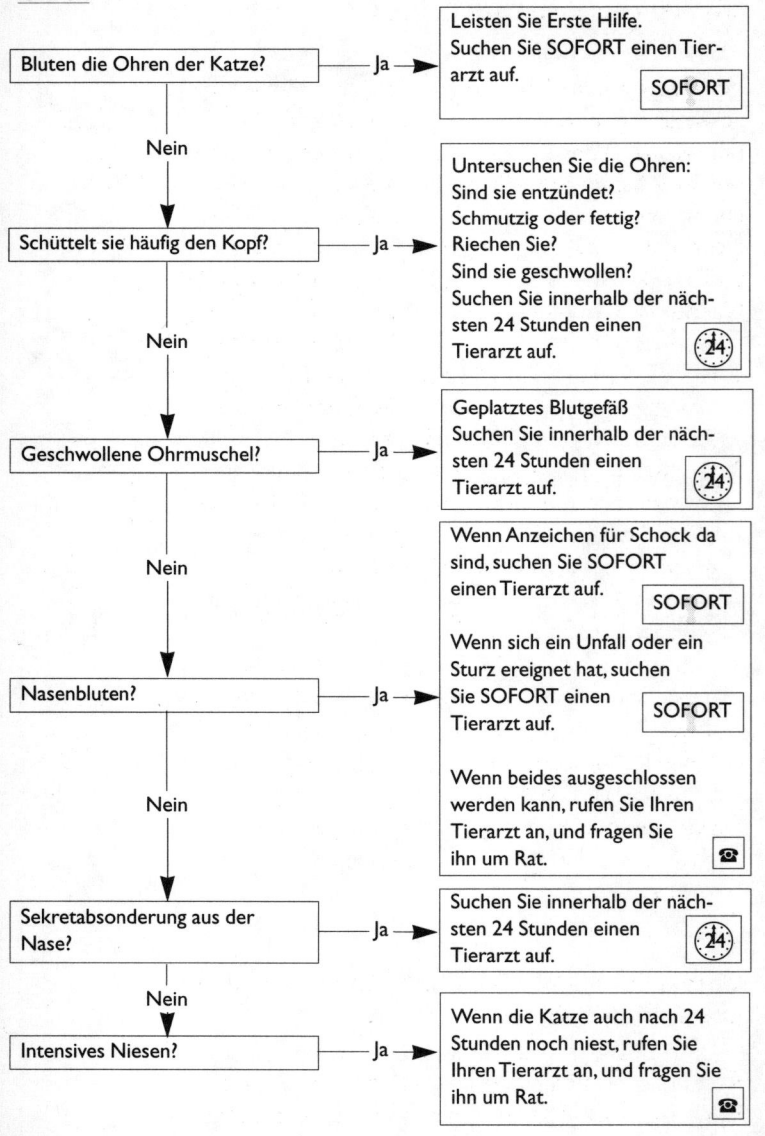

Bluten die Ohren der Katze? —— Ja ——▸ Leisten Sie Erste Hilfe. Suchen Sie SOFORT einen Tierarzt auf. | SOFORT |

Nein

Schüttelt sie häufig den Kopf? —— Ja ——▸ Untersuchen Sie die Ohren: Sind sie entzündet? Schmutzig oder fettig? Riechen Sie? Sind sie geschwollen? Suchen Sie innerhalb der nächsten 24 Stunden einen Tierarzt auf.

Nein

Geschwollene Ohrmuschel? —— Ja ——▸ Geplatztes Blutgefäß Suchen Sie innerhalb der nächsten 24 Stunden einen Tierarzt auf.

Nein

Nasenbluten? —— Ja ——▸ Wenn Anzeichen für Schock da sind, suchen Sie SOFORT einen Tierarzt auf. | SOFORT |

Wenn sich ein Unfall oder ein Sturz ereignet hat, suchen Sie SOFORT einen Tierarzt auf. | SOFORT |

Wenn beides ausgeschlossen werden kann, rufen Sie Ihren Tierarzt an, und fragen Sie ihn um Rat.

Nein

Sekretabsonderung aus der Nase? —— Ja ——▸ Suchen Sie innerhalb der nächsten 24 Stunden einen Tierarzt auf.

Nein

Intensives Niesen? —— Ja ——▸ Wenn die Katze auch nach 24 Stunden noch niest, rufen Sie Ihren Tierarzt an, und fragen Sie ihn um Rat.

Untersuchung von Kopf und Hals

Verletzungen am Kopf können auf eine Gehirnerschütterung hinweisen. Manchmal sind äußerlich nur kleine Wunden zu erkennen, manchmal auch nur eine kleine Schwellung. Üben Sie die Untersuchung des Kopfes und Halses Ihrer Katze. Suchen Sie nach Anzeichen für gefährliche Verletzungen, und merken Sie sich, wie alle Teile von Kopf und Nacken sich im Normalzustand anfühlen.

Untersuchen Sie die Katze im gesunden Zustand.

1. Fahren Sie mit den Händen über den Kopf, die Wangen und den Kieferknochen, und ertasten Sie Schwellungen oder heiße Stellen.
2. Drehen Sie den Kopf der Katze hin und her und dann herauf und herunter, um zu überprüfen, ob diese Bewegungen Schmerzen verursachen. (In einem richtigen Notfall sollten Sie sich dabei besonders vorsehen. Katzen, die Schmerzen haben, schlagen um sich.)
3. Fahren Sie mit den Händen den Hals der Katze hinab, ertasten Sie klebrige oder feuchte Stellen unter dem Fell, die auf eine Fleischwunde schließen lassen. Suchen Sie den Hals nach Schwellungen oder heißen Stellen ab. (Verletzungen durch Luftgewehre beispielsweise verursachen kleine Löcher, in die die Katzenhaare einwachsen können.)

Untersuchung der Brust, des Bauchbereichs und der Gliedmaßen

Autounfälle haben häufig Prellungen am Körper zur Folge. Bisse von Katzenkämpfen und andere offene

Wunden bluten oft nicht, sind aber klebrig; manchmal kann man das getrocknete Blut auch tief im Fell
oder an den Beinen und Pfoten ertasten. Erhebliche
Schwellungen deuten meist darauf hin, daß sich ein
Abszeß gebildet hat. Schmieröl- oder Teerflecken
sind ein Zeichen, daß die Katze wahrscheinlich von
einem Auto angefahren wurde. Tasten Sie den Körper und die Gliedmaßen Ihrer gesunden und unver-
letzten Katze sorgfältig ab, damit Sie wissen, wie sie
sich normalerweise anfühlt.

1. Lassen Sie die Hände fest über den Rücken, die
   Brust und die Leistengegend der Katze wandern.
   Achten Sie auf heiße oder klebrige Stellen, oder
   darauf, ob und wo die Katze auf Berührung empfindlich reagiert.

Mit festem, aber nicht
übermäßigem Druck
ertasten Sie alle
Partien des Rumpfes,
insbesondere in der
Blasengegend. Suchen
Sie nach
Verletzungen, und
überprüfen Sie, ob
Ihre Katze emp-
findlich auf Berüh-
rung reagiert. Seien
Sie besonders vor-
sichtig in der Rippen-
gegend, falls eine
Fraktur vorliegt.

2. Teilen Sie das Fell, und untersuchen Sie, ob die
   Haut sich irgendwo verfärbt hat.
3. Lassen Sie Ihre Hand an jedem Bein hinabwan-
   dern. Untersuchen Sie beide Vorderbeine und
   beide Hinterbeine zusammen. Achten Sie auf die
   Symmetrie.
4. Tasten Sie sämtliche Gelenke und die Pfoten nach
   übermäßiger Hitze oder Schwellungen ab.

5. Untersuchen Sie die Pfoten und Krallen nach Abschürfungen, Kratzern, Rissen oder anderen Verletzungen oder Spuren von Fremdkörpern.

Es ist sehr wichtig, genau über den unteren Harn-
trakt Ihrer Katze Bescheid zu wissen. Gesunde Katzen sind, was ihre Toilettengewohnheiten angeht,
sehr diskret. Wenn lebensbedrohliche Stoffwechselstörungen auftreten, können die Zeichen also sehr
subtil sein und werden deshalb leicht übersehen.
Häufig werden sie mit Verstopfung verwechselt und
als solche zu Hause behandelt – mit tragischen
Folgen.

1. Säubern Sie die Katzentoilette häufig. Lernen Sie
Veränderungen erkennen. Achten Sie hierbei sowohl auf die Häufigkeit, mit der die Katze uriniert, als auch auf die Menge des Urins.

Achten Sie auf
Veränderungen
der Toiletten-
gewohnheiten.

2. Wenn sich hierbei eine Veränderung abzeichnet,
überprüfen Sie den Urin mit einem weißen Papiertaschentuch. Mit seiner Hilfe läßt sich feststellen, ob sich eine Farbveränderung ergeben
hat. Wenn Sie eine Spur von Rosa finden, sollten
Sie Ihren Tierarzt innerhalb der nächsten 24
Stunden aufsuchen.

3. Üben Sie die Untersuchung des Abdomens Ihrer
Katze in der Blasengegend. Bitten Sie Ihren Tierarzt bei der alljährlichen Vorsorgeuntersuchung,
daß er Ihnen zeigt, wie Sie Ihre Katze abtasten.
Wenn Sie damit vertraut sind, werden Sie ohne
weiteres bereit sein, eine Blasenentzündung oder
Harnverhaltung zu diagnostizieren.

Untersuchung des Schwanzes, des Afters und der Genitalien

Achten Sie auf
Verletzungen

Erhöhte Empfindlichkeit, veränderte Gerüche oder eine Veränderung in der Farbe und Konsistenz des Kots sind allesamt Hinweise auf mögliche innere Verletzungen oder Krankheiten. Untersuchen Sie den Schwanz, den After und die Genitalien Ihrer gesunden Katze. Lernen Sie die normalen Gerüche und die Anatomie dieser Regionen kennen.

1. Lassen Sie Ihre Hand fest über die gesamte Länge des Schwanzes wandern. Es sollte keine offensichtlichen Beulen oder heiße Stellen geben. (Der Schwanz weist häufig Bißverletzungen auf, besonders an der Schwanzwurzel. Seien Sie bei der Untersuchung also vorsichtig. Eine Katze mit Schmerzen könnte kratzen und beißen, wenn man sie dort berührt.)

2. Wenn der Schwanz schlaff herunterhängt, zwicken Sie hinein, um festzustellen, ob die Katze reagiert. Bleibt die Reaktion aus, so kann das entweder auf eine Verletzung des Schwanzes oder der Wirbelsäule hindeuten.

3. Heben Sie den Schwanz der Katze sanft an. Die Afterregion sollte sauber sein. Es sollten keine Kotreste daran hängen. Ein intensiver und unangenehmer Geruch bedeutet, daß die Katze ihre Analdrüsen geleert hat. Das ist ein Hinweis darauf, daß die Katze entweder verängstigt oder verletzt ist.

4. Untersuchen Sie den Hodensack Ihres Katers auf Schwellungen oder Verletzungen. Ebenso verfahren sie mit dem Penis des Katers und der Vagina der Katze.

Halten Sie hier insbesondere auch nach Entzündungen oder Ausfluß Ausschau.

5. Lernen Sie, die normale Haltung Ihrer Katze beim Urinieren und Stuhlgang kennen. Viel zu häufig passiert es, daß eine lebensbedrohliche Harnverhaltung fälschlicherweise als »Verstopfung« angesehen wird, weil die Körperhaltung, die die Katze einnimmt, wenn sie versucht die Blockade zu lösen, derjenigen sehr ähnlich ist, die sie einnimmt, wenn sie ihren Darm entleert.

Wenn das Fell einer normalerweise reinlichen Katze nach Urin riecht, ist das entweder ein Hinweis auf eine Krankheit oder auf eine Verletzung.

Zustand des Fells und der Haut

Bei Hautproblemen ist es nur selten nötig, einen Tierarzt zu Rate zu ziehen. Meistens bekommt man sie auch zu Hause allein in den Griff. Manche weisen jedoch darauf hin, daß die Katze ernstere, organische Beschwerden hat.

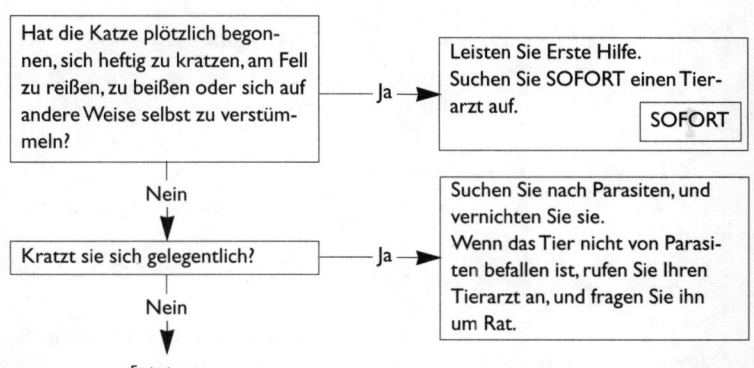

Hat die Katze plötzlich begonnen, sich heftig zu kratzen, am Fell zu reißen, zu beißen oder sich auf andere Weise selbst zu verstümmeln? — Ja → Leisten Sie Erste Hilfe. Suchen Sie SOFORT einen Tierarzt auf. **SOFORT**

Nein ↓

Kratzt sie sich gelegentlich? — Ja → Suchen Sie nach Parasiten, und vernichten Sie sie. Wenn das Tier nicht von Parasiten befallen ist, rufen Sie Ihren Tierarzt an, und fragen Sie ihn um Rat.

Nein ↓

Fortsetzung

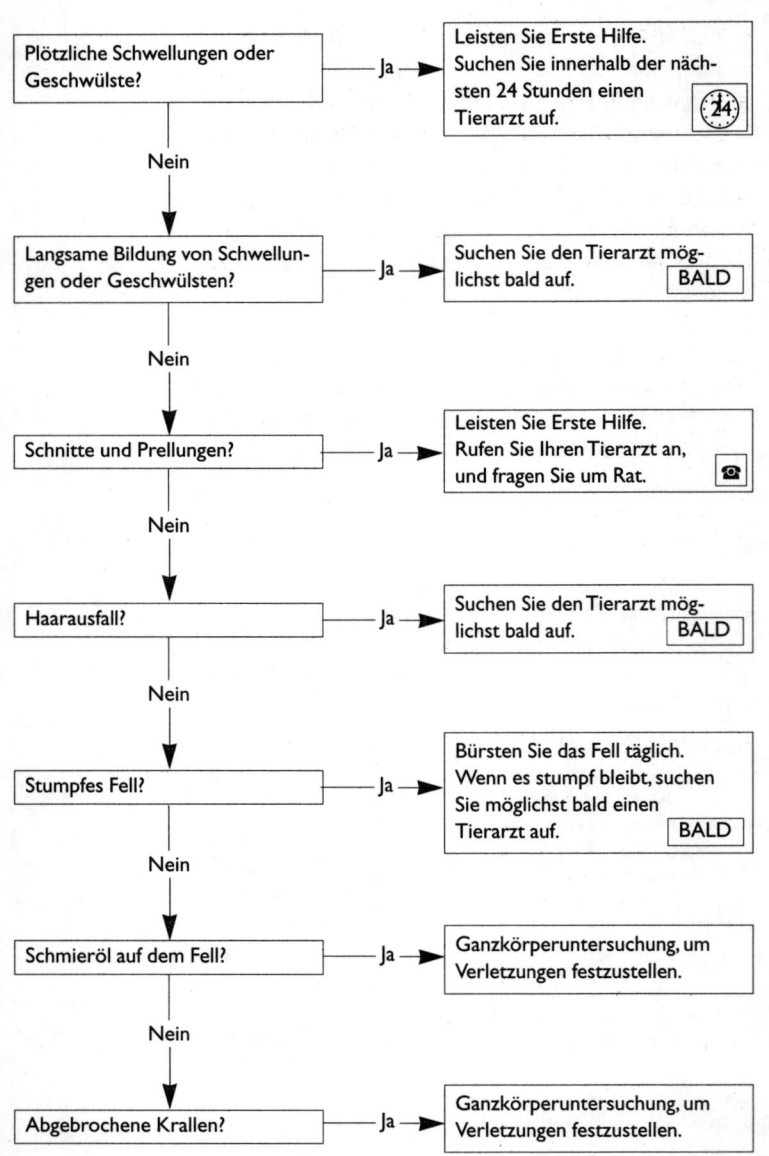

Plötzliche Schwellungen oder Geschwülste? — Ja → Leisten Sie Erste Hilfe. Suchen Sie innerhalb der nächsten 24 Stunden einen Tierarzt auf.

Nein

Langsame Bildung von Schwellungen oder Geschwülsten? — Ja → Suchen Sie den Tierarzt möglichst bald auf. BALD

Nein

Schnitte und Prellungen? — Ja → Leisten Sie Erste Hilfe. Rufen Sie Ihren Tierarzt an, und fragen Sie um Rat.

Nein

Haarausfall? — Ja → Suchen Sie den Tierarzt möglichst bald auf. BALD

Nein

Stumpfes Fell? — Ja → Bürsten Sie das Fell täglich. Wenn es stumpf bleibt, suchen Sie möglichst bald einen Tierarzt auf. BALD

Nein

Schmieröl auf dem Fell? — Ja → Ganzkörperuntersuchung, um Verletzungen festzustellen.

Nein

Abgebrochene Krallen? — Ja → Ganzkörperuntersuchung, um Verletzungen festzustellen.

Störungen des Magen-Darm-Traktes

In ihren Freßgewohnheiten sind Katzen normalerweise recht wählerisch. Trotzdem können Hunger
oder Neugier zu Störungen des Magen-Darm-Traktes führen. Einige Beschwerden müssen dringend
behandelt werden. Wenn Sie nicht genau wissen, wie
Sie sich verhalten sollen, rate ich Ihnen in jedem Fall
zur Vorsicht.

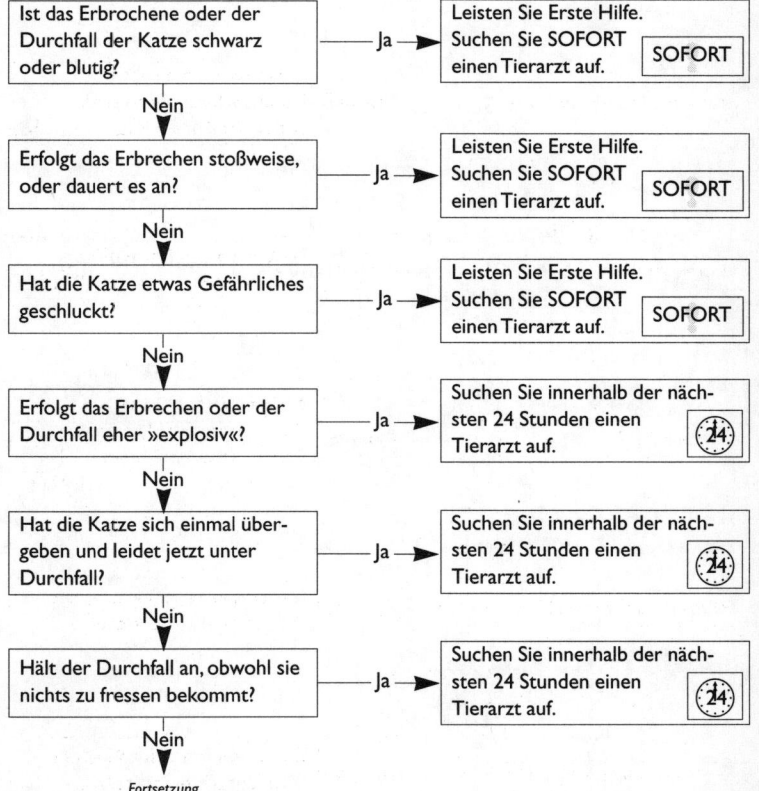

Ist das Erbrochene oder der Durchfall der Katze schwarz oder blutig? — Ja ➤ Leisten Sie Erste Hilfe. Suchen Sie SOFORT einen Tierarzt auf. | SOFORT

Nein ▼

Erfolgt das Erbrechen stoßweise, oder dauert es an? — Ja ➤ Leisten Sie Erste Hilfe. Suchen Sie SOFORT einen Tierarzt auf. | SOFORT

Nein ▼

Hat die Katze etwas Gefährliches geschluckt? — Ja ➤ Leisten Sie Erste Hilfe. Suchen Sie SOFORT einen Tierarzt auf. | SOFORT

Nein ▼

Erfolgt das Erbrechen oder der Durchfall eher »explosiv«? — Ja ➤ Suchen Sie innerhalb der näch-sten 24 Stunden einen Tierarzt auf. | 24

Nein ▼

Hat die Katze sich einmal über-geben und leidet jetzt unter Durchfall? — Ja ➤ Suchen Sie innerhalb der näch-sten 24 Stunden einen Tierarzt auf. | 24

Nein ▼

Hält der Durchfall an, obwohl sie nichts zu fressen bekommt? — Ja ➤ Suchen Sie innerhalb der näch-sten 24 Stunden einen Tierarzt auf. | 24

Nein ▼

Fortsetzung

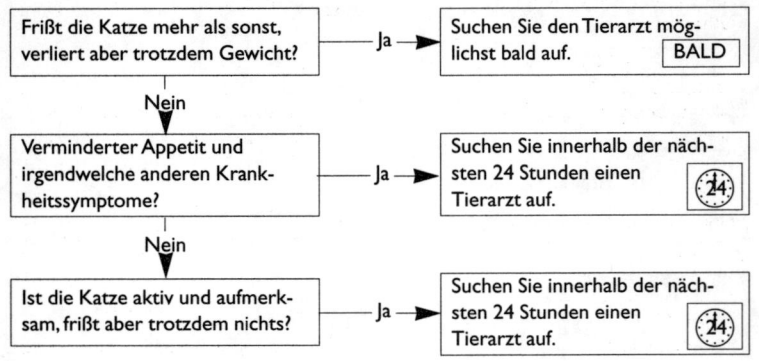

Der Gang auf die Katzentoilette

Ändert die Katze ihre Gewohnheiten bei der Verrichtung ihrer Bedürfnisse, so ist meist ärztliche Hilfe vonnöten. Manche Veränderungen bedürfen der sofortigen Behandlung, andere können 24 Stunden oder länger warten.

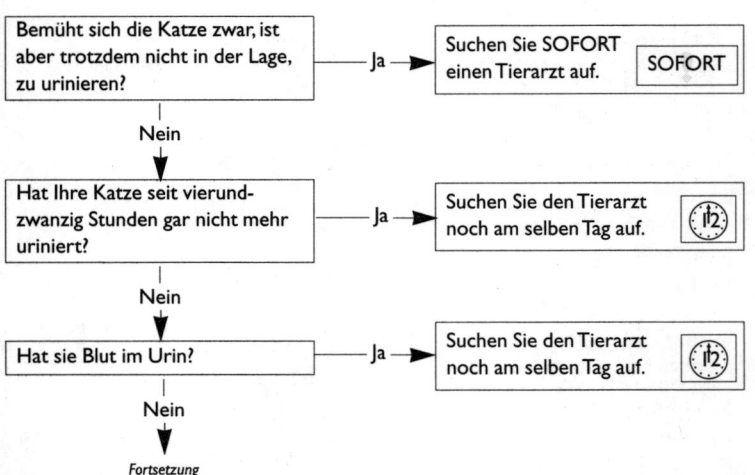

Fortsetzung

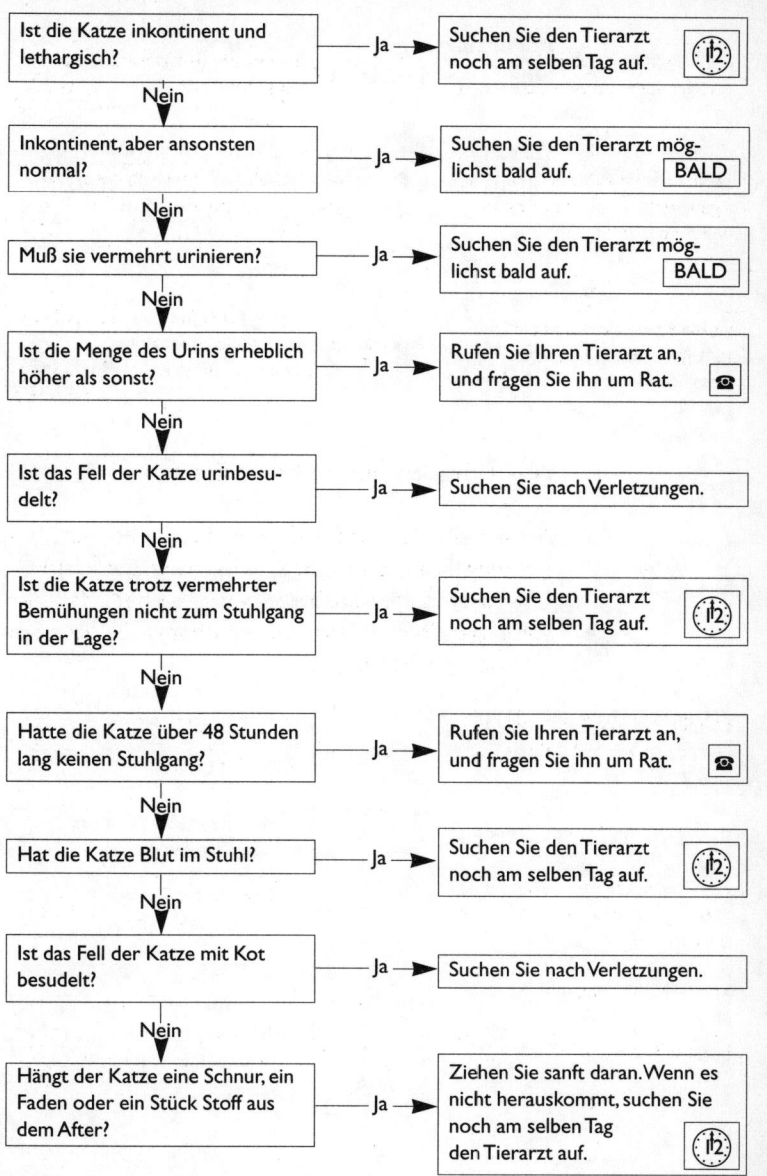

Ist die Katze inkontinent und lethargisch? — Ja → Suchen Sie den Tierarzt noch am selben Tag auf.

Nein

Inkontinent, aber ansonsten normal? — Ja → Suchen Sie den Tierarzt möglichst bald auf. BALD

Nein

Muß sie vermehrt urinieren? — Ja → Suchen Sie den Tierarzt möglichst bald auf. BALD

Nein

Ist die Menge des Urins erheblich höher als sonst? — Ja → Rufen Sie Ihren Tierarzt an, und fragen Sie ihn um Rat.

Nein

Ist das Fell der Katze urinbesudelt? — Ja → Suchen Sie nach Verletzungen.

Nein

Ist die Katze trotz vermehrter Bemühungen nicht zum Stuhlgang in der Lage? — Ja → Suchen Sie den Tierarzt noch am selben Tag auf.

Nein

Hatte die Katze über 48 Stunden lang keinen Stuhlgang? — Ja → Rufen Sie Ihren Tierarzt an, und fragen Sie ihn um Rat.

Nein

Hat die Katze Blut im Stuhl? — Ja → Suchen Sie den Tierarzt noch am selben Tag auf.

Nein

Ist das Fell der Katze mit Kot besudelt? — Ja → Suchen Sie nach Verletzungen.

Nein

Hängt der Katze eine Schnur, ein Faden oder ein Stück Stoff aus dem After? — Ja → Ziehen Sie sanft daran. Wenn es nicht herauskommt, suchen Sie noch am selben Tag den Tierarzt auf.

Veränderungen im Trink- und Urinierverhalten

Verstärkter Durst deutet häufig auf signifikante gesundheitliche Probleme hin, von denen einige dringend ärztlich behandelt werden müssen.

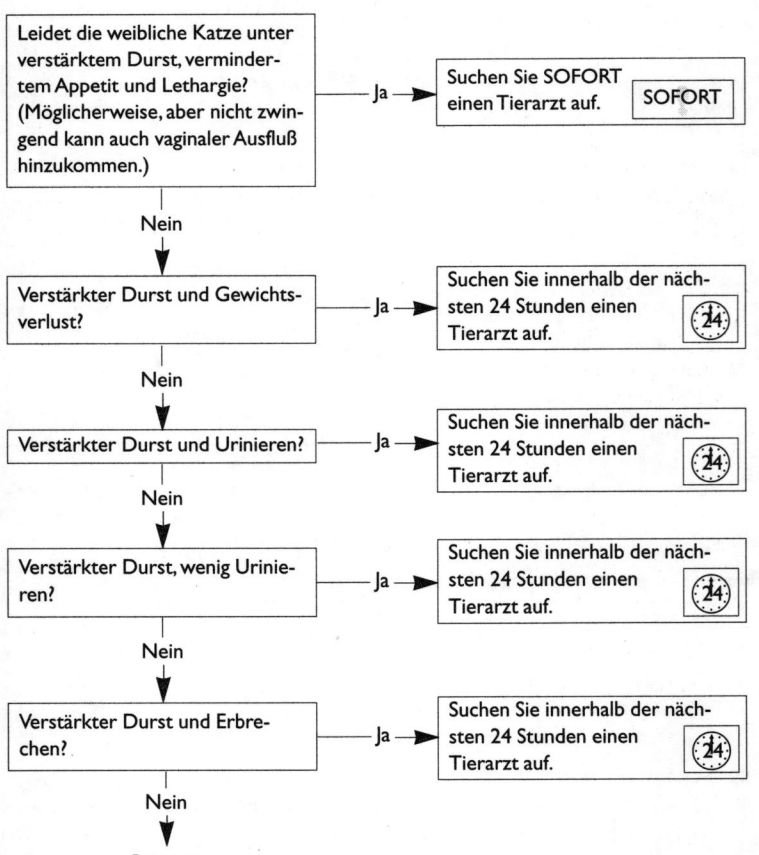

Leidet die weibliche Katze unter verstärktem Durst, vermindertem Appetit und Lethargie? (Möglicherweise, aber nicht zwingend kann auch vaginaler Ausfluß hinzukommen.) — Ja → Suchen Sie SOFORT einen Tierarzt auf. SOFORT

Nein

Verstärkter Durst und Gewichtsverlust? — Ja → Suchen Sie innerhalb der nächsten 24 Stunden einen Tierarzt auf.

Nein

Verstärkter Durst und Urinieren? — Ja → Suchen Sie innerhalb der nächsten 24 Stunden einen Tierarzt auf.

Nein

Verstärkter Durst, wenig Urinieren? — Ja → Suchen Sie innerhalb der nächsten 24 Stunden einen Tierarzt auf.

Nein

Verstärkter Durst und Erbrechen? — Ja → Suchen Sie innerhalb der nächsten 24 Stunden einen Tierarzt auf.

Nein

Fortsetzung

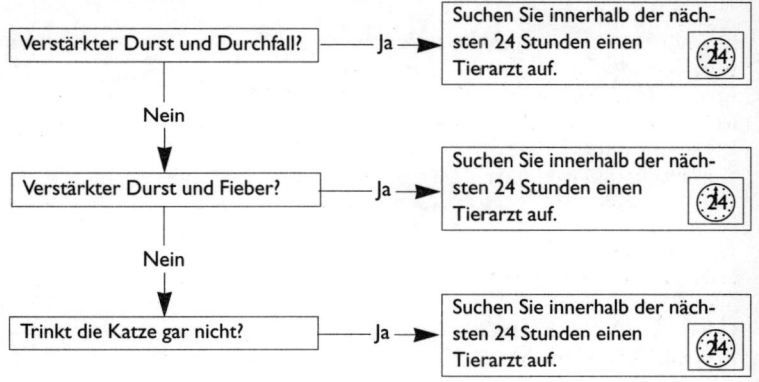

Gewichtsveränderungen

Unerwartete Gewichtsschwankungen sind ein Hinweis auf gesundheitliche Probleme, die nicht immer so ohne weiteres zu erkennen sind. Gewichtsverlust, der nichts mit veränderten Ernährungsgewohnheiten zu tun hat, ist besorgniserregend. Unerwartete Gewichtszunahme kann ebenfalls ein Zeichen für eine Erkrankung sein.

Unerwartete Gewichtsveränderungen können Warnsignale sein.

Suchen Sie so bald wie möglich einen Tierarzt auf, wenn Gewichtsverlust mit folgenden Symptomen einhergeht:

- Fieber
- Lethargie
- Vermehrter oder verminderter Appetit
- Ruhelosigkeit
- Schwäche
- Erbrechen
- Durchfall
- Verstärkter oder verminderter Durst

*Suchen Sie so bald wie möglich einen Tierarzt auf, wenn
Gewichtszunahme mit folgenden Symptomen einhergeht:*

- Lethargie
- Verstärkter Durst
- Stumpfes Fell
- Haarausfall
- Verminderter Appetit
- Schüttelfrost
- Erbrechen
- Zittern

TEIL 3
NOTFÄLLE

DIE GRUNDPRINZIPIEN DER ERSTEN HILFE

Wenn Ihre Katze in Not ist, sollten Sie folgende einfachen Grundregeln befolgen:

Grundsätzliche
Maßnahmen

- *Geraten Sie nicht in Panik.*
  Bleiben Sie ruhig. Vielleicht hängt das Leben der Katze von Ihrem gesunden Menschenverstand ab.
- *Verschaffen Sie sich einen Überblick über die Situation.*
  Was ist passiert?
- *Sind Sie selbst in Gefahr?*
  Gehen Sie keine unnötigen Risiken ein.
- *Drohen der Katze noch weitere Gefahren?*
  Bringen Sie die Katze vorsichtig aus dem Gefahrenbereich heraus, wenn das ohne Risiken möglich ist.
- *Verschaffen Sie sich einen Überblick über den Zustand der Katze.*
  Ist sie bei Bewußtsein oder nicht? Verschwenden Sie keine Zeit mit einer gründlichen Untersuchung oder Diagnose, bis die wichtigsten Probleme behandelt sind.
- *Leisten Sie Erste Hilfe.*
  Beatmen Sie die Katze, und nehmen Sie, wenn notwendig, eine Herzmassage vor.
- *Holen Sie Hilfe, wenn nötig und verfügbar.*
  Wenn möglich sollte eine Person für Hilfsmittel

und Transport sorgen, während die andere sich um die verletzte Katze kümmert.

- *Bringen Sie die Katze zum Tierarzt*
- *Überprüfen Sie, ob sie einen Schock erlitten hat.* Unabhängig von der Ursache ist ein Schock die wahrscheinlichste lebensbedrohliche Notfallsituation, mit der Sie konfrontiert werden: *Blasses oder weißes Zahnfleisch, erhöhte Atemfrequenz, schwacher und schneller Puls, kalte Extremitäten, allgemeine Schwäche.*

Wie ein Schock behandelt wird, können Sie auf Seite 22ff unter der Überschrift *Schock* nachlesen.

WIE MAN DIESEN TEIL DES BUCHES BENUTZT

In diesem Abschnitt werden spezifische Notfälle in alphabetischer Reihenfolge aufgelistet. Wenn Ihre Katze krank oder verletzt ist, müssen Sie entscheiden, welches der klinischen Symptome als erstes zu behandeln ist: Augenverletzungen, Kratzer, Verbrennungen, Vergiftungen oder ähnliches. Danach sehen Sie unter der entsprechenden Überschrift nach. Sie haben auch die Möglichkeit, im Index am Buchende nachzuschlagen, um den Abschnitt zu finden, der Ihnen weiterhilft.

In diesem Teil werden die häufigsten Notfälle beschrieben, die Ihnen begegnen können. Bei der *Beschreibung* der Symptome der Verletzung oder Erkrankung erhalten Sie anschließend *illustrierte Instruktionen*.

Die Entscheidung, ob Sie mit Ihrer Katze den Tierarzt aufsuchen müssen und wenn ja, wann, ist häufig nicht ganz einfach. Daher biete ich Ihnen für jeden hier beschriebenen Notfall ein Entscheidungsdiagramm an, das Ihnen nach der Erste-Hilfe-Leistung zur Seite steht.

Eine vollständige Erklärung der Symbole und der Informationen, die wir Ihnen in den Diagrammen geben, lesen Sie bitte im Kapitel *Braucht Ihre Katze tierärztliche Hilfe?* nach.

SOFORTIGE ERSTE HILFE FÜR DIE KATZE, DIE BEI BEWUßTSEIN IST

In einem Notfall sollten Sie sich zuerst immer einen Überblick über die Situation und über den Zustand der Katze verschaffen. Lassen Sie sich nicht von offensichtlichen Verletzungen wie kleineren Schnitten oder Wunden ablenken. Wenn nötig, halten Sie die Katze fest, überprüfen Sie, ob sie einen Schock erlitten hat, oder ob ihr Leben durch andere Verletzungen oder Erkrankungen bedroht ist. Erst dann leisten Sie die notwendige Erste Hilfe im Hinblick auf die weniger schlimmen Verletzungen.

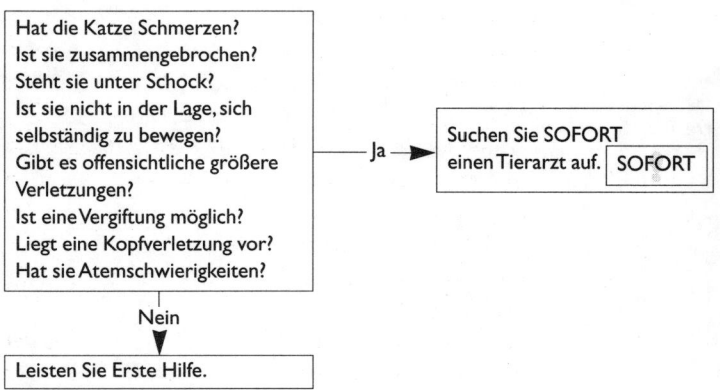

Hat die Katze Schmerzen?
Ist sie zusammengebrochen?
Steht sie unter Schock?
Ist sie nicht in der Lage, sich
selbständig zu bewegen?
Gibt es offensichtliche größere
Verletzungen?
Ist eine Vergiftung möglich?
Liegt eine Kopfverletzung vor?
Hat sie Atemschwierigkeiten?

Ja → Suchen Sie SOFORT einen Tierarzt auf. SOFORT

Nein

Leisten Sie Erste Hilfe.

Wenn die Situation möglicherweise lebensbedrohlich ist, suchen Sie sofort Ihren Tierarzt auf. Ansonsten leisten Sie Erste Hilfe und folgen den Anweisungen in den Entscheidungsdiagrammen.

Aggressives Verhalten

Aggressives
Verhalten kann
ein Warnsignal
sein.

Aggressionsverhalten ist unter vielen Umständen vollkommen normal. Aber es kann auch ein Hinweis auf eine Krankheit oder ein körperliches Leiden sein. Unerwartete Aggressionen von einem normalerweise friedlichen und ausgeglichenen Tier können durch Schmerzen, hervorgerufen zum Beispiel durch Harnverhaltung, Fieber, Gehirnerkrankungen durch einen Tumor oder eine Infektion, durch Kopfverletzungen, Krämpfe und Anfälle, durch Unter- oder Überzuckerung und behandlungsbedürftige Panikattacken (insbesondere nach Revierkämpfen mit anderen Katzen) ausgelöst worden sein. Wenn Ihre Katze plötzlich aggressiv reagiert, fragen Sie sich folgendes:

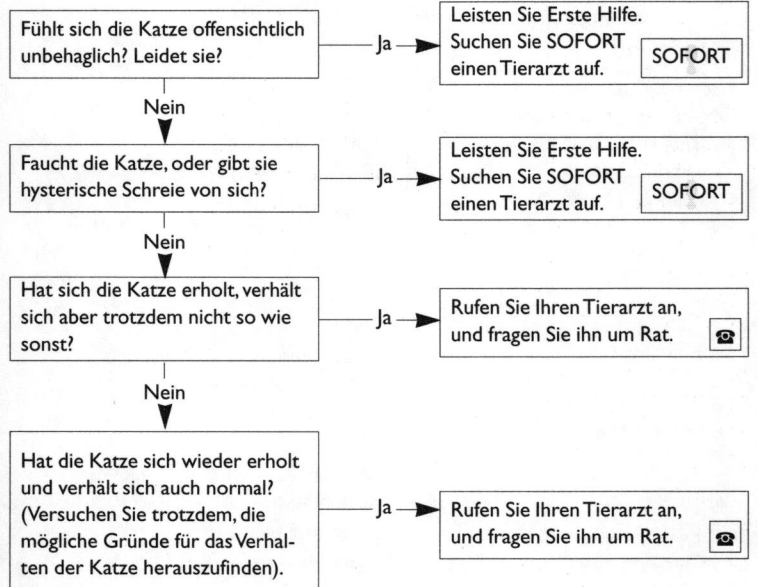

Fühlt sich die Katze offensichtlich unbehaglich? Leidet sie? — Ja → Leisten Sie Erste Hilfe. Suchen Sie SOFORT einen Tierarzt auf. | SOFORT

Nein

Faucht die Katze, oder gibt sie hysterische Schreie von sich? — Ja → Leisten Sie Erste Hilfe. Suchen Sie SOFORT einen Tierarzt auf. | SOFORT

Nein

Hat sich die Katze erholt, verhält sich aber trotzdem nicht so wie sonst? — Ja → Rufen Sie Ihren Tierarzt an, und fragen Sie ihn um Rat. | ☎

Nein

Hat die Katze sich wieder erholt und verhält sich auch normal? (Versuchen Sie trotzdem, die mögliche Gründe für das Verhalten der Katze herauszufinden). — Ja → Rufen Sie Ihren Tierarzt an, und fragen Sie ihn um Rat. | ☎

1. Schützen Sie sich, andere Menschen und andere Tiere vor Bißwunden und Kratzern.
2. Reduzieren Sie äußere Reize wie Lärm und Licht.
3. Wenn Ihre Katze ruhiger geworden ist, sprechen Sie liebevoll und beruhigend auf sie ein. Wenn sie Sie an sich heranläßt, sperren Sie sie ein paar Stunden lang in ein ruhiges Zimmer ein.
4. Wenn die Katze sich nicht beruhigt und Tollwut als Erkrankung ausgeschlossen ist, werfen Sie eine Decke über das Tier, verfrachten es in einen Transportkorb und bringen es unverzüglich zum Tierarzt. Wenn Tollwut die Ursache für die Veränderung im Verhalten sein könnte, versichern Sie sich professioneller Hilfe: Rufen Sie entweder Ihren Tierarzt oder die Gesundheitsbehörde an.

Angelhaken

Angelhaken riechen köstlich, und häufig sind Delikatessen wie Elritzen oder Frösche daran befestigt. Unglücklicherweise können sich die Haken in die Lippen und Pfoten einer Katze bohren und darin verhaken.

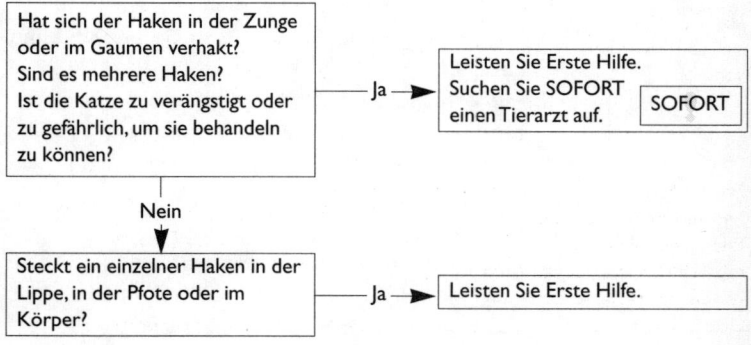

1. Wickeln Sie die Katze in eine Decke, und halten Sie sie fest. Wenn möglich, wickeln Sie ihr Gaze um das Gesicht, die vorübergehend als Maulkorb dienen soll. Meiden Sie den Bereich, in dem der Angelhaken steckt.
2. Wenn das gekrümmte Ende des Hakens sichtbar ist, schneiden Sie ihn mit einer Drahtschere ab. Dann ziehen Sie den verbleibenden Teil des Hakens in der gleichen Richtung heraus, durch die er eingedrungen ist.

Schneiden Sie den Haken ab, und versuchen Sie ihn herauszuziehen. Wenn Sie einen Widerstand spüren, hören Sie auf, zu ziehen, und suchen Sie sofort einen Tierarzt auf.

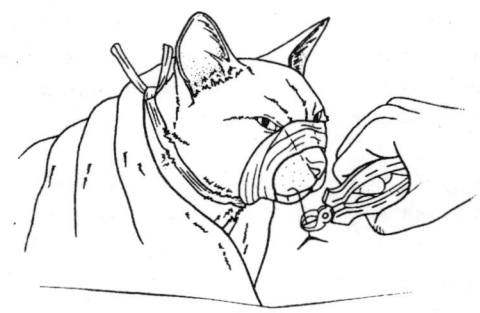

3. Wenn der Draht nicht sichtbar ist, benutzen Sie eine Kneifzange, um den Draht durch die Haut zu drücken, so daß Sie ihn greifen können.
4. Schneiden Sie den Draht ab, und ziehen Sie ihn heraus.
5. Säubern Sie die Wunde gründlich mit dreiprozentiger Wasserstoffperoxydlösung.
6. Rufen Sie Ihren Tierarzt an, und fragen Sie ihn, wie Sie weiter vorgehen sollen.

■ *Wenn der Katze eine Angelschnur aus dem Maul hängt, sollten Sie auf gar keinen Fall daran ziehen. Das kann schwere Schäden verursachen.*

- *Schneiden Sie niemals das gesamte sichtbare Stück der Angelleine ab. Lassen Sie so viel Schnur hängen, wie möglich.*
- *Bringen Sie Ihre Katze sofort zum Tierarzt. Er wird sie röntgen, um zu überprüfen, ob sie weitere Haken verschluckt hat.*

Atembeschwerden

Manche Atemprobleme haben keine ernsten Ursachen, andere wiederum können lebensgefährlich sein. Denken Sie daran: Schnelles oder kaum wahrnehmbares Atmen kann darauf hinweisen, daß Ihre Katze einen Schock erlitten hat.

Überprüfen Sie, ob die Katze einen Schock erlitten hat: Blasses oder weißes Zahnfleisch, erhöhte Atemfrequenz, schwacher und schneller Puls, kalte Extremitäten, allgemeine Schwäche.

Probleme mit der Atmung können in den Atemwegen selbst ihren Ursprung haben, aber sie können auch die Folge ernsthafter Erkrankungen anderer Körperpartien sein. Behandeln Sie ein solches Problem als potentiell ernsthaften Notfall.

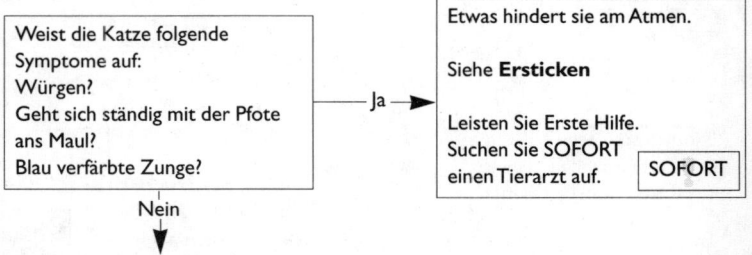

Weist die Katze folgende Symptome auf:
Würgen?
Geht sich ständig mit der Pfote ans Maul?
Blau verfärbte Zunge?

— Ja →

Etwas hindert sie am Atmen.

Siehe **Ersticken**

Leisten Sie Erste Hilfe. Suchen Sie SOFORT einen Tierarzt auf. | SOFORT |

Nein
↓
Fortsetzung

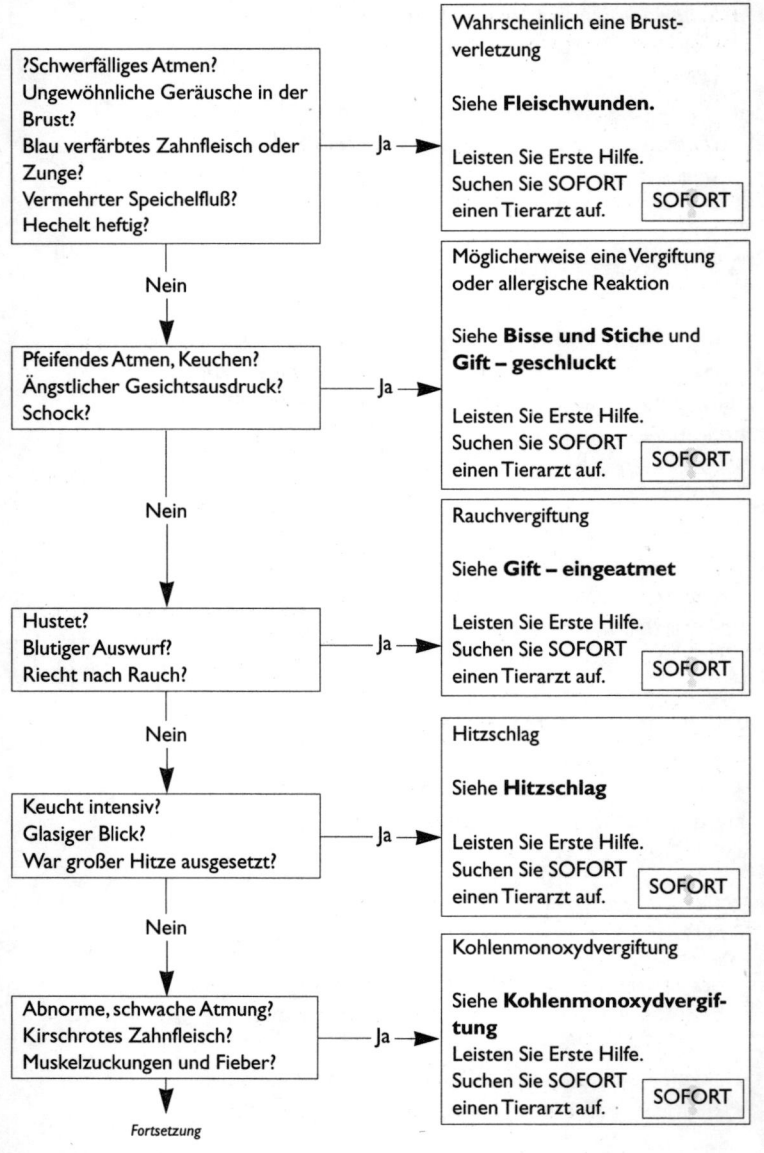

?Schwerfälliges Atmen?
Ungewöhnliche Geräusche in der Brust?
Blau verfärbtes Zahnfleisch oder Zunge?
Vermehrter Speichelfluß?
Hechelt heftig?

— Ja →

Wahrscheinlich eine Brustverletzung

Siehe **Fleischwunden.**

Leisten Sie Erste Hilfe.
Suchen Sie SOFORT einen Tierarzt auf. | SOFORT |

Nein

Pfeifendes Atmen, Keuchen?
Ängstlicher Gesichtsausdruck?
Schock?

— Ja →

Möglicherweise eine Vergiftung oder allergische Reaktion

Siehe **Bisse und Stiche** und **Gift – geschluckt**

Leisten Sie Erste Hilfe.
Suchen Sie SOFORT einen Tierarzt auf. | SOFORT |

Nein

Hustet?
Blutiger Auswurf?
Riecht nach Rauch?

— Ja →

Rauchvergiftung

Siehe **Gift – eingeatmet**

Leisten Sie Erste Hilfe.
Suchen Sie SOFORT einen Tierarzt auf. | SOFORT |

Nein

Keucht intensiv?
Glasiger Blick?
War großer Hitze ausgesetzt?

— Ja →

Hitzschlag

Siehe **Hitzschlag**

Leisten Sie Erste Hilfe.
Suchen Sie SOFORT einen Tierarzt auf. | SOFORT |

Nein

Abnorme, schwache Atmung?
Kirschrotes Zahnfleisch?
Muskelzuckungen und Fieber?

— Ja →

Kohlenmonoxydvergiftung

Siehe **Kohlenmonoxydvergiftung**
Leisten Sie Erste Hilfe.
Suchen Sie SOFORT einen Tierarzt auf. | SOFORT |

Fortsetzung

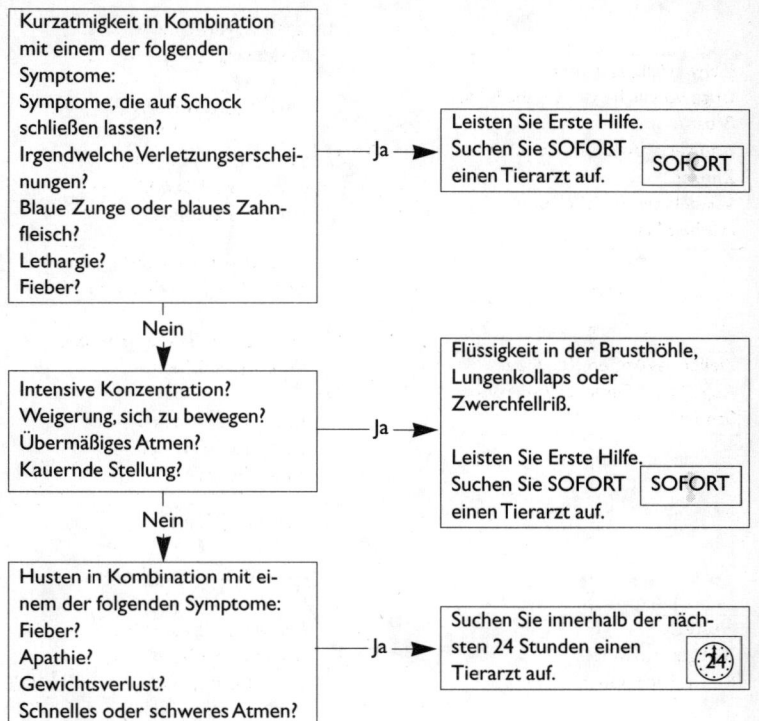

Kurzatmigkeit in Kombination mit einem der folgenden Symptome:
Symptome, die auf Schock schließen lassen?
Irgendwelche Verletzungserscheinungen?
Blaue Zunge oder blaues Zahnfleisch?
Lethargie?
Fieber?

— Ja ➤

Leisten Sie Erste Hilfe. Suchen Sie SOFORT einen Tierarzt auf. | SOFORT

Nein ▼

Intensive Konzentration?
Weigerung, sich zu bewegen?
Übermäßiges Atmen?
Kauernde Stellung?

— Ja ➤

Flüssigkeit in der Brusthöhle, Lungenkollaps oder Zwerchfellriß.

Leisten Sie Erste Hilfe. Suchen Sie SOFORT | SOFORT einen Tierarzt auf.

Nein ▼

Husten in Kombination mit einem der folgenden Symptome:
Fieber?
Apathie?
Gewichtsverlust?
Schnelles oder schweres Atmen?

— Ja ➤

Suchen Sie innerhalb der nächsten 24 Stunden einen Tierarzt auf.

Künstliche Beatmung

Wenn Ihre Katze aufgehört hat, zu atmen:

1. Legen Sie die Katze auf die Seite. Entfernen Sie Fremdkörper aus den Atemwegen und ziehen Sie die Zunge nach vorn.
2. Schließen Sie das Mäulchen Ihrer Katze. Legen Sie die Hand um die Schnauze und dann Ihren Mund

Entfernen Sie alles, was Nase oder Kehle verstopft.

Schließen Sie mit der Hand auf dem Maul und dem Mund über der Nase die Atemwege luftdicht ab.

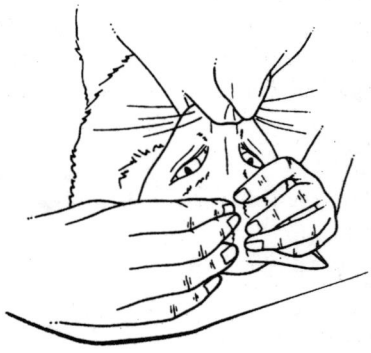

über die Nase der Katze. Blasen Sie hinein, bis Sie sehen, daß die Brust sich weitet.

3. Machen Sie eine Beatmungspause, und lassen Sie die Luft wieder aus den Lungen entweichen.

4. Wiederholen Sie die Prozedur etwa zwanzig- bis dreißigmal pro Minute.

5. Messen Sie alle zehn Sekunden den Puls, um sich davon zu überzeugen, daß das Herz immer noch schlägt.

6. Wenn das Herz nicht mehr schlägt, kombinieren Sie die Atemspende mit einer Herzmassage (siehe Seite 30f)
7. Bringen Sie die Katze so schnell wie möglich zum Tierarzt.

Augenverletzungen

Alle Augenverletzungen sind potentiell gefährlich. Ein kleiner Kratzer auf der Augenoberfläche kann sich, wenn er nicht behandelt wird, infizieren und zum Verlust des Augenlichts führen. Gehen Sie mit dem Gesichtssinn Ihrer Katze kein Risiko ein. Wann immer ein Auge verletzt ist, sollten Sie sofort einen Termin bei Ihrem Tierarzt beziehungsweise einem Spezialisten auf diesem Gebiet wahrnehmen.

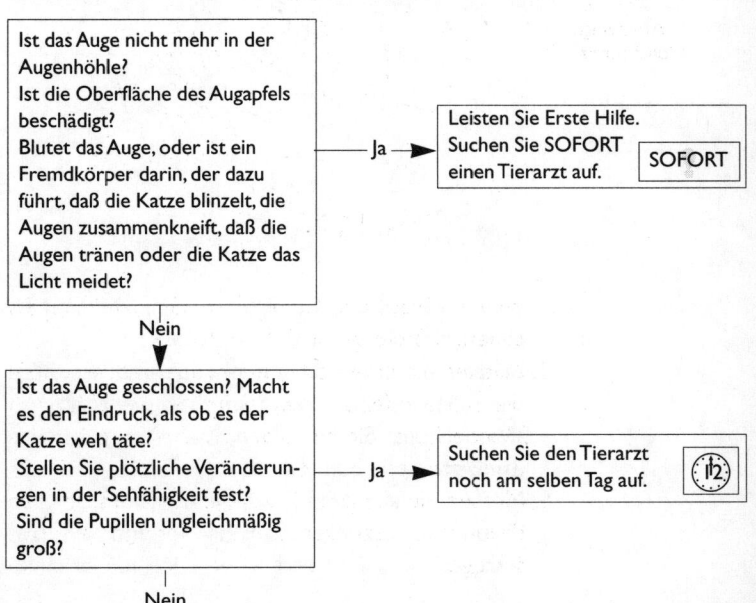

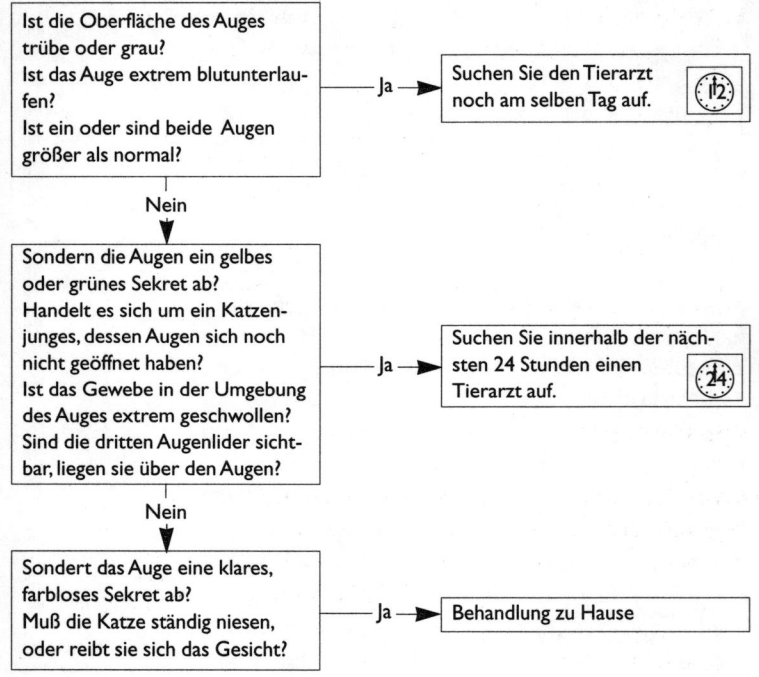

Ist die Oberfläche des Auges trübe oder grau?
Ist das Auge extrem blutunterlaufen?
Ist ein oder sind beide Augen größer als normal?

— Ja → Suchen Sie den Tierarzt noch am selben Tag auf.

Nein

Sondern die Augen ein gelbes oder grünes Sekret ab?
Handelt es sich um ein Katzenjunges, dessen Augen sich noch nicht geöffnet haben?
Ist das Gewebe in der Umgebung des Auges extrem geschwollen?
Sind die dritten Augenlider sichtbar, liegen sie über den Augen?

— Ja → Suchen Sie innerhalb der nächsten 24 Stunden einen Tierarzt auf.

Nein

Sondert das Auge eine klares, farbloses Sekret ab?
Muß die Katze ständig niesen, oder reibt sie sich das Gesicht?

— Ja → Behandlung zu Hause

Das Auge liegt nicht mehr in der Augenhöhle:

1. Versuchen Sie keinesfalls, das Auge wieder hineinzudrücken.
2. Bedecken Sie es mit einem sauberen, feuchten Tuch oder einem Schwamm, den Sie vorher in warmes Salzwasser oder in mehrfach gesättigte Zuckerlösung getaucht haben. Befestigen Sie dies lose am Kopf.
3. Halten Sie die Katze so ruhig wie möglich, und fahren Sie auf schnellstem Wege in die Tierklinik.

(Wenn das Auge gerettet werden soll, geht es um Minuten.)

Überprüfen Sie, ob die Katze einen Schock erlitten hat: Blasses oder weißes Zahnfleisch, erhöhte Atemfrequenz, schwacher und schneller Puls, kalte Extremitäten, allgemeine Schwäche.

Die Katze blinzelt, kneift die Augen zusammen oder meidet das Licht:

1. Heben Sie das Oberlid mit ihrem Daumen hoch, und halten Sie es fest. Suchen Sie nach Fremdkörpern.
2. Mit dem Daumen der anderen Hand ziehen Sie das Unterlid nach unten. Suchen Sie nach Schmutz.

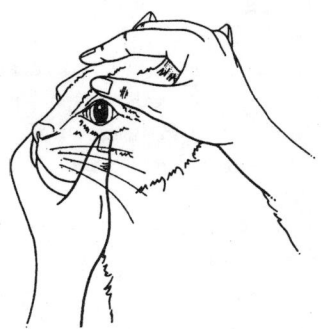

Mit den Daumen ziehen Sie das Ober- und Unterlid auseinander, während die anderen Finger den Kopf festhalten.

3. Wenn Sie einen Fremdkörper finden, der dem Auge keine Verletzungen zugefügt hat, spülen Sie das Auge mit lauwarmem Wasser aus.
4. Sie können auch einen wassergetränkten Wattebausch nehmen, um den Fremdkörper aus dem Auge zu entfernen.

Spülen mit
Wasser.

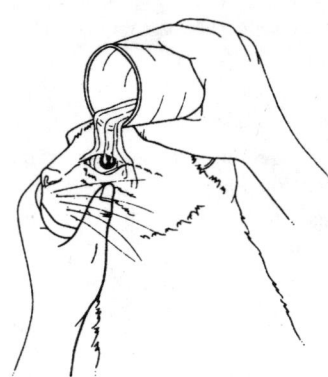

5. Wenn Sie den Fremdkörper nicht entfernen können, bedecken Sie das Auge mit einem Verband,
um weitere Verletzungen zu verhindern, und suchen Sie sofort einen Tierarzt auf.
6. Wenn der Fremdkörper das Auge verletzt hat,
versuchen Sie auf keinen Fall, ihn zu entfernen.
Verbinden Sie das Auge, oder legen Sie der Katze einen schützenden Halskragen an. Dann suchen Sie sofort einen Tierarzt auf.

*Das Auge ist rot, die Katze blinzelt, das Auge tränt, aber
Sie finden keinen Fremdkörper:*

1. Wenn das Auge gekratzt wurde, bedecken Sie es
mit einem sauberen, feuchten Tuch.
2. Verhindern Sie, daß die Katze sich selbst weitere
Verletzungen zufügt, indem Sie einen Halskragen
anlegen oder die Vorderpfoten verbinden.
3. Suchen Sie den Tierarzt noch am selben Tag auf.

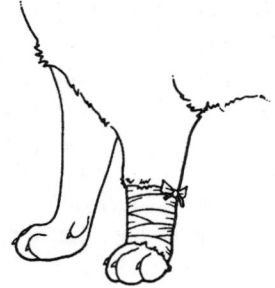

Ein leichter Verband mindert das Risiko, daß die Katze sich selbst mit den scharfen Krallen der Vorderpfoten verletzt.

Verätzungen durch Chemikalien:

1. Spülen Sie die Chemikalie mit viel frischem Wasser zehn Minuten lang aus dem Auge.
2. Folgen Sie den Instruktionen auf der Verpackung.
3. Decken Sie das Auge ab, um zu verhindern, daß die Katze sich selbst verletzt, und suchen Sie Ihren Tierarzt so bald wie möglich auf, wobei Sie die Verpackung der Chemikalie mitnehmen sollten.

Durch einen Kampf oder einen Stoß zerfetzte, blutunterlaufene oder geschwollene Augenlider:

1. Legen Sie zehn Minuten lang eine kalte Kompresse auf das Auge, um die Schwellung zu reduzieren.
2. Suchen Sie innerhalb der nächsten 24 Stunden einen Tierarzt auf.
3. Legen Sie Ihrer Katze einen Halskragen an, oder verbinden Sie ihr die Vorderpfoten, um zu verhindern, daß sie sich weitere Verletzungen zufügt.

Grüne oder gelbe Sekretabsonderung:

1. Infektion der Augen. Reinigen Sie sie mit lauwarmem Wasser, einer rezeptfrei in der Apotheke erhältlichen Kochsalzlösung oder mit verdünntem, kaltem Tee.
2. Beobachten Sie Ihre Katze, ob sie noch andere Zeichen für eine Krankheit, wie Niesen oder Appetitverlust, aufweist. Suchen Sie innerhalb der nächsten 24 Stunden einen Tierarzt auf.

Wäßrige Sekretabsonderung:

1. Suchen Sie das Auge nach Fremdkörpern ab.
2. Spülen Sie die Augen mit lauwarmem Wasser, einer rezeptfrei in der Apotheke erhältlichen Kochsalzlösung oder mit verdünntem, kaltem Tee.
3. Suchen Sie Ihren Tierarzt auf, um zu klären, wie Sie die Ursache behandeln können. (Chronisch tränende Augen können von Allergien, verstopften Tränenkanälen und Augenliderkrankungen hervorgerufen werden.)

Bisse und Stiche

Bisse und Stiche bleiben häufig unbemerkt. Die Katze kommt nach Hause zurück, fühlt sich unbehaglich und hat Schmerzen.

Bisse von größeren Tieren werden im Kapitel *Fleischwunden* näher behandelt.

Bienen, Wespen, Hornissen, Ameisen und Raupen

Stiche und Bisse von Bienen, Wespen, Hornissen und Ameisen verursachen im allgemeinen nur örtlich begrenzte Irritationen und lösen relativ harmlose Reaktionen aus. Manche Katzen jedoch reagieren allergisch auf die Stiche, was lebensgefährlich werden kann. In einem solchen Fall ist sofortige tierärztliche Hilfe vonnöten. Der Kontakt mit einigen Raupenarten verursacht ebenfalls starken Juckreiz und Hautreizungen.

Die Symptome für eine solche Reaktion sind: Schmerzen, Juckreiz und Schwellungen in dem Bereich, wo das Tier gestochen wurde, normalerweise sind es das Maul oder die Pfoten.

Die Anzeichen für ernstere Reaktionen sind: Atemschwierigkeiten, Schock, Erbrechen, Durchfall und Koma.

Erste Hilfe bei örtlich begrenzten Reaktionen

1. Wenn möglich, sollten Sie den Stachel mit Hilfe einer Pinzette oder indem Sie die betroffene Re-

Halten Sie die Katze gut fest. Entfernen Sie den Stachel, indem Sie die Haut mit einer Kreditkarte kratzen.

gion mit einer Kreditkarte kratzen, entfernen.
(Vermeiden Sie es, den Stachel zusammenzu-
quetschen. Das könnte weitere Giftstoffe freiset-
zen und das Tier noch stärker quälen.)

2. Legen Sie eine kalte Kompresse auf die geschwollene Stelle.

3. Verabreichen Sie der Katze eine halbe Antihista-
mintablette, die Sie rezeptfrei in der Apotheke
kaufen können.

Erste Hilfe für bei schweren Reaktionen:

1. Suchen Sie so schnell wie möglich einen Arzt auf.
(Vielleicht sind ja die Atemwege geschwollen.
Möglicherweise ist es dadurch unmöglich, durch
künstliche Beatmung Luft in die Lungen zu bekommen.)

2. Leiten Sie, wenn nötig, Wiederbelebungsmaßnahmen ein (Atemspende, Herzmassage).

3. Beatmen Sie die Katze, wenn nur die Atmung ausgesetzt hat.

4. Ergreifen Sie die entsprechenden Maßnahmen
gegen einen Schock. (Bei schweren allergischen
Reaktionen zeigt Erste Hilfe nicht unbedingt Erfolg. Um die allergische Reaktion in den Griff zu
bekommen, muß der Katze Adrenalin und Cortison verabreicht werden.)

Giftige Schlangen, Spinnen und Skorpione

Katzen werden viel häufiger als Menschen von *giftigen Schlangen* gebissen. Allerdings werden wir in
den seltensten Fällen Zeuge eines solchen Bisses.
Wir sind also auf die Symptome angewiesen, die fol-
gendermaßen aussehen: Zittern, Erregung, Erbre-

chen, Kollaps, reichlicher Speichelfluß, geweitete Pupillen und schneller Puls.

Giftige Spinnen sind hierzulande recht selten. Außerdem können die Kieferwerkzeuge der Spinne nur dünne Haut durchdringen, wie zum Beispiel die Haut zwischen den Zehen.

Die Symptome für den Biß einer Giftspinne sind: schwere Schmerzen an der Bißwunde (normalerweise an der Pfote), starker Speichelfluß, Erbrechen, Muskelkrämpfe und Atemschwierigkeiten.

Skorpione stechen neugierige Katzen mit dem Stachel im letzten Segment ihres Schwanzes.

Die Symptome eines Skorpionstiches sind: schwere Schmerzen an der Bißwunde, starker Speichelfluß, allgemeine Schwäche, Atemschwierigkeiten und Lähmungserscheinungen.

Erste Hilfe bei Bissen und Stichen von Schlangen, Spinnen und Skorpionen:

1. Sorgen Sie dafür, daß die Katze sich möglichst wenig bewegt. (Bei übermäßiger Bewegung verbreitet sich das Gift schneller im Körper.)
2. Wenn die Bißwunde sichtbar ist, waschen Sie sie gründlich mit kaltem Wasser, um das oberflächlich daran haftende Gift auszuwaschen. (Niemals die Wunde aufschneiden oder das vergiftete Blut aussaugen. Das erhöht die Blutzufuhr und macht den Zustand der Katze nur noch schlimmer.)
3. Wenn der Katze ins Bein gebissen wurde, sorgen Sie dafür, daß dieses immer unter dem Herzen bleibt, legen Sie eine kalte Kompresse darum (eine Tüte mit gefrorenen Erbsen oder anderem

Niemals die Wunde aufschneiden oder das vergiftete Blut aussaugen.

Gemüse), und verbinden Sie es, wobei Sie große Baumwolltücher fest um das Bein wickeln und diese mit elastischem Leukoplast befestigen. (Solche Verbände sind erheblich wirksamer als Aderpressen, will man die Verbreitung des Gifts im Körper verlangsamen.)

4. Legen Sie die Katze in eine abgedeckte Kiste, und suchen Sie sofort den nächstgelegenen Tierarzt auf. Wenn er das Gegengift und das Cortison schnell verabreicht, kann er das Leben Ihrer Katze retten.

Zeckenbisse

Zeckenbisse sind für Tiere ebenso gefährlich wie für Menschen. Manche Zecken sind sogar so giftig, daß sie bei Katzen zunächst zu Lähmungserscheinungen und dann zum Tode führen können. Diese Zecken müssen jedoch zunächst zwei Tage lang an ihrem Opfer haften, um Probleme zu verursachen. Da Katzen jedoch sehr reinliche Tiere sind, treten bei ihnen von Zecken übertragene Krankheiten nur ganz selten auf.

Erste Hilfe bei Zeckenbefall

Auf keinen Fall die Zecke zusammenquetschen.

1. Durchkämmen Sie das Fell Ihrer Katze mit den Fingerspitzen.
2. Entfernen Sie die Zecke, indem Sie einen kleinen Behälter mit Alkohol oder Methylalkohol umgekehrt auf die Zecke setzen. Der Alkohol tötet das Ungeziefer. (Auf keinen Fall dürfen Sie die Zecke zusammenquetschen, denn dadurch können noch mehr Giftstoffe in die Katze eindringen.)
3. Gehen Sie bei der Entfernung der Zecke beson-

ders vorsichtig vor. Mit Hilfe einer Pinzette drehen Sie den Kopf der Zecke, in dem das Gebiß steckt, leicht hin und her, um das Ungeziefer dann ganz aus der Haut der Katze zu entfernen.

Blutungen

Äußere Blutungen sind leicht zu erkennen, innere Blutungen hingegen sind zwar weniger offensichtlich, haben dafür aber in der Regel erheblich schlimmere Konsequenzen. Wenn Ihre Katze eine größere Verletzung hat oder sich allzu passiv und lethargisch verhält, sollten Sie überprüfen, ob sie einen Schock erlitten hat.

Herausspritzendes Blut bedeutet, daß eine Arterie verletzt worden ist. Es ist nicht immer einfach, eine arterielle Blutung zu stoppen, aber wenn Sie das durchtrennte Blutgefäß einmal lokalisiert haben, kann direkter Druck sofortigen Erfolg bringen.

Überprüfen Sie, ob die Katze einen Schock erlitten hat: Blasses oder weißes Zahnfleisch, erhöhte Atemfrequenz, schwacher und schneller Puls, kalte Extremitäten, allgemeine Schwäche.

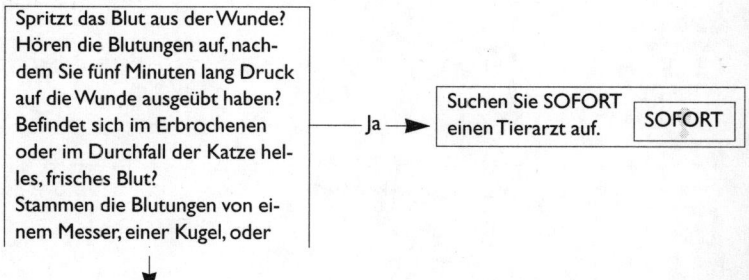

Spritzt das Blut aus der Wunde? Hören die Blutungen auf, nachdem Sie fünf Minuten lang Druck auf die Wunde ausgeübt haben? Befindet sich im Erbrochenen oder im Durchfall der Katze helles, frisches Blut? Stammen die Blutungen von einem Messer, einer Kugel, oder

— Ja ➤ Suchen Sie SOFORT einen Tierarzt auf. | SOFORT

Fortsetzung

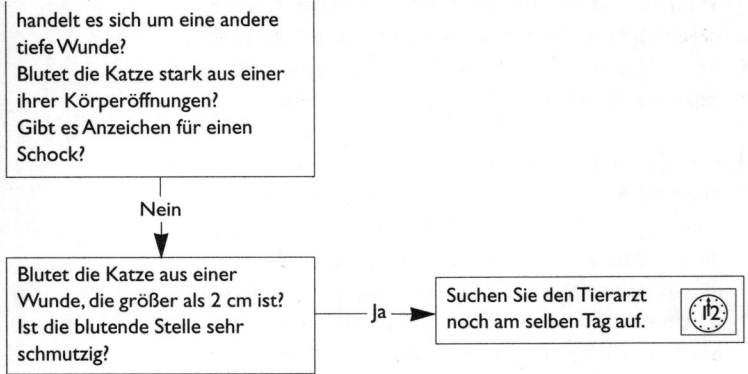

handelt es sich um eine andere
tiefe Wunde?
Blutet die Katze stark aus einer
ihrer Körperöffnungen?
Gibt es Anzeichen für einen
Schock?

Nein

Blutet die Katze aus einer
Wunde, die größer als 2 cm ist? ——Ja——▶ Suchen Sie den Tierarzt
Ist die blutende Stelle sehr   noch am selben Tag auf.
schmutzig?

Innere Blutungen

1. Wenn die Katze zusammengebrochen ist, legen
   Sie sie mit ausgestrecktem Hals auf die Seite.
2. Sorgen Sie mit Hilfe einer zusammengefalteten
   Decke, einem Handtuch oder einem Kissen dafür,
   daß die Hinterläufe höher liegen als der Rest des
   Körpers.

Schock-
behandlung:

Die Hinterläufe
liegen erhöht,
eine in ein Tuch
gewickelte
Wärmflasche
liefert dem Tier
zusätzliche
Wärme. Decken
Sie sie zu, und
bringen Sie sie so
schnell wie
möglich zum
Tierarzt.

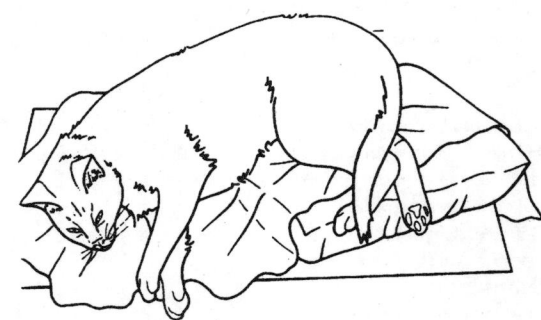

3. Wickeln Sie die Katze in einen Mantel oder in Decken, und bringen Sie sie sofort zum Tierarzt.

Blutungen am Kopf, am Maul und am Rumpf

1. Halten Sie die Katze fest.
2. Säubern Sie kleinere Wunden. Bei größeren Verletzungen sollten Sie die Wunde mit einer saugfähigen Mullkompresse abdecken und Druck darauf ausüben. Halten Sie den Druck zwei Minuten lang aufrecht. (Zu diesem Zweck eignen sich Papierhandtücher besonders gut.)
3. Nehmen Sie die saugfähige Mullkompresse oder das Papiertuch nicht weg. Wickeln Sie Gaze oder zerrissene Baumwolltücher darum, damit es nicht verrutscht. (Manchmal ist ein starker, lebensbedrohlicher Blutverlust auch die Folge von chronischen Geschwüren an der Oberseite des Mundes oder am Gaumen. Die Katze schluckt einen Großteil des Blutes herunter, weshalb das Problem nur schwer feststellbar ist. Wenn diese Art von chronischem Blutverlust auftritt, neigt die Katze zu lau-

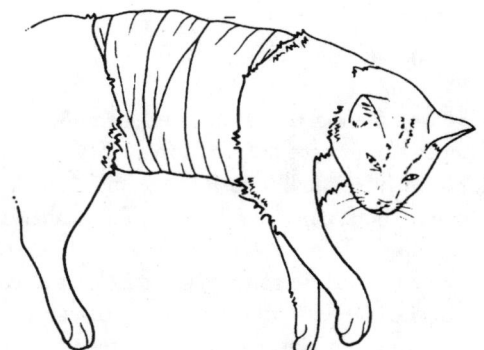

Die saugfähige Mullkompresse wird von einem Gazeverband festgehalten, der gerade fest genug sitzt, daß der Mull nicht verrutscht.

tem Schreien, hat erweiterte Pupillen, kollabiert
oder hat epilepsieartige Anfälle. Suchen Sie in diesem Fall sofort Ihren Tierarzt auf.)
4. Suchen Sie sofort Ihren Tierarzt auf.

Blutendes Ohr

1. Drücken Sie einige Minuten lang beide Seiten der
   Ohrmuschel mit einem saugfähigen Tuch.
2. Suchen Sie den Tierarzt noch am selben Tag auf.

Halten Sie mit der
einen Hand den
Kopf der Katze
fest. Mit der
anderen drücken
Sie einige
Minuten mit
einem saugfähigen
Tuch gegen die
Ohrmuschelwand.

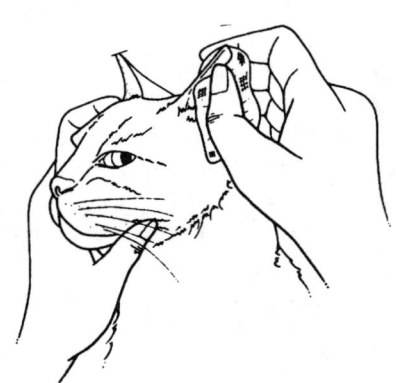

Blutende Nase

1. Halten Sie die Katze fest, und legen Sie ihr eine
   kalte Kompresse auf die Nase.
2. Fördern Sie die Blutgerinnung, indem Sie das Nasenloch mit einem saugfähigen Tuch zuhalten.
3. Nasenbluten wird von einem Schock oder starken Erschütterungen ausgelöst. Es kann also nicht
   nur die Nase in Mitleidenschaft gezogen sein. Rufen Sie Ihren Tierarzt an, und fragen Sie ihn um
   Rat.

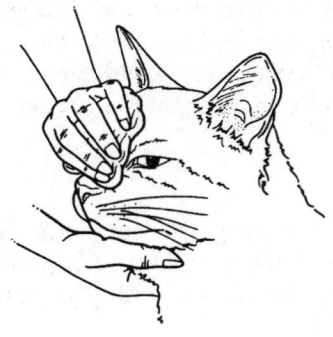

Anwendung einer
kalten Kompresse

Bedecken des
Nasenlochs

Blutendes Bein

1. Bei schwachen Blutungen halten Sie die Katze
   fest und drücken Sie mit einer saugfähigen Mullkompresse auf die Wunde. Säubern Sie sie hinterher mit dreiprozentiger Wasserstoffperoxydlösung.

2. Bei heftigen Blutungen drücken Sie auf folgende Punkte:

Fassen Sie das Vorderbein zwischen der Schulter und dem Ellbogen. Ihr Daumen sollte nach außen zeigen. Drücken Sie mit der Innenseite der Finger jetzt fest gegen das Bein, um die Blutung zu stoppen.

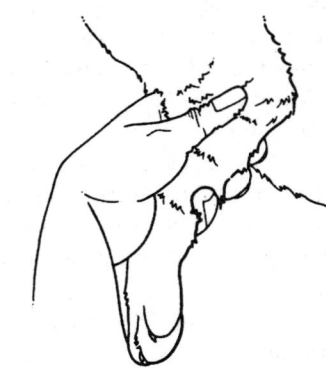

Fassen Sie das Hinterbein so nah wie möglich an der Leiste, und drücken Sie zu. Genausogut können Sie den Puls ertasten und dort starken Druck ausüben, um die Blutung zu stillen.

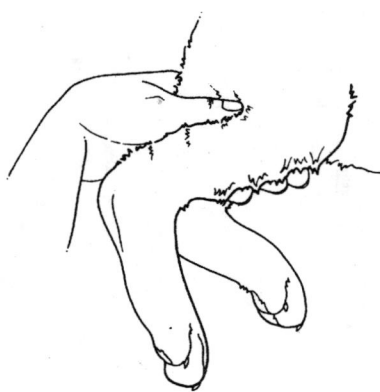

3. Halten Sie das Bein hoch, so daß es über dem Herzen zu liegen kommt.
4. Nehmen Sie sofort tierärztliche Hilfe in Anspruch.

Blutende Pfote

1. Halten Sie die Katze fest und säubern Sie kleine Wunden mit dreiprozentigem Wasserstoffperoxyd. Halten Sie Ausschau nach Fremdkörpern, wie zum Beispiel Glassplittern, und entfernen Sie sie. (Benutzen Sie keine Antiseptika, die in der Wunde brennen.)

2. Üben Sie mit einer sauberen, saugfähigen Mullkompresse Druck auf die Wunde aus. Wenn Blut hindurchsickert, das Mullstück auf keinen Fall wegnehmen, sondern noch mehr saugfähiges Material daraufhalten.

3. Wenn die Wunde nach vier Minuten noch immer nicht zu bluten aufgehört hat, drücken Sie auf den entsprechenden Druckpunkt – wie oben beschrieben – und bringen Sie Ihre Katze sofort zum Arzt.

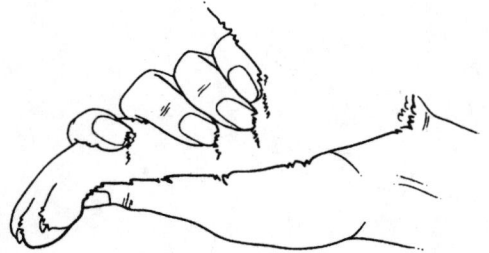

Fassen Sie das Bein genau über der Pfote, und legen Sie den Daumen auf die Fußsohle. Drücken Sie dann fest zu.

4. Sie können auch eine Krawatte oder ein ähnlich weiches Material zu Hilfe nehmen, um eine Aderpresse anzulegen. Bringen Sie die Katze anschließend sofort zu Ihrem Tierarzt. (Eine Ader-

presse an der Pfote sollte niemals länger als eine Viertelstunde angelegt bleiben. Lockern Sie sie für zwei Minuten, und ziehen Sie sie nur wieder fest, wenn es absolut notwendig ist. Wenn Aderpressen falsch eingesetzt werden, können sie schlimme Schäden anrichten.)

Blutende Kralle

1. Halten Sie die Katze fest und legen Sie eine saubere, saugfähige Mullkompresse auf die blutende Kralle.
2. Entfernen Sie den gebrochenen Nagel nur dann, wenn er so lose hängt, daß er leicht zu bewegen ist, wenn Sie ihn berühren. Ziehen Sie ihn dann mit einer schnellen Bewegung ab.

(a) Diese Kralle kann mit einem schnellen Ziehen entfernt werden.

(b) Diese Kralle sollten Sie keinesfalls entfernen. Suchen Sie Ihren Tierarzt auf, damit er die Schmerzen stillt und eine Infektion verhindert.

3. Wenn die Kralle teilweise immer noch festsitzt, sollten Sie Ihren Tierarzt innerhalb von vierundzwanzig Stunden aufsuchen. (Wenn eine Blutung auftritt, während Sie die Krallen Ihrer Katze stutzen, und zwar, weil Sie sie zu kurz geschnitten haben, dann üben Sie mit einer sauberen, saugfähigen Mullkompresse Druck auf die Wunde aus.)

Blutender Schwanz

1. Fassen Sie den Schwanz der Katze in dem weichen Mittelstück. Legen Sie die Finger auf den Schwanz und den Daumen darunter, und drücken Sie mit dem Daumen zu.
2. Wenn die Spitze des Schwanzes immer noch blutet, suchen Sie innerhalb von vierundzwanzig Stunden einen Tierarzt auf.

Diabetesbedingte Notfälle

Zu viel Insulin

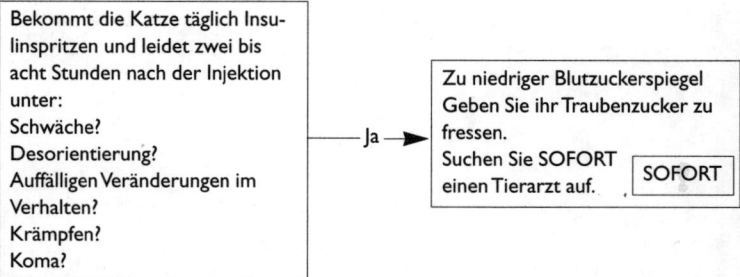

Wenn eine Katze an Diabetes leidet, sollten Sie immer Traubenzucker, Sirup oder Honig im Haus haben, um es ihr im Notfall, wenn zuviel Insulin injiziert wurde, zu verabreichen.

Traubenzucker oder Honig bei einer Überdosis an Insulin.

1. Beim ersten Anzeichen einer Insulinüberdosis oder eines zu niedrigen Blutzuckerspiegels spritzen Sie der Katze flüssigen Traubenzucker ins Maul.

2. Wenn die Katze Krämpfe hat, ziehen Sie die Lippen hoch und reiben Sie ihr Traubenzucker auf das Zahnfleisch.
3. Vielleicht stehen Sie am Anfang einer Krise, hervorgerufen durch einen zu niedrigen Blutzuckerspiegel, also suchen Sie sofort den Tierarzt auf. (Er wird der Katze den Traubenzucker möglicherweise intravenös verabreichen.)

Zu wenig Insulin

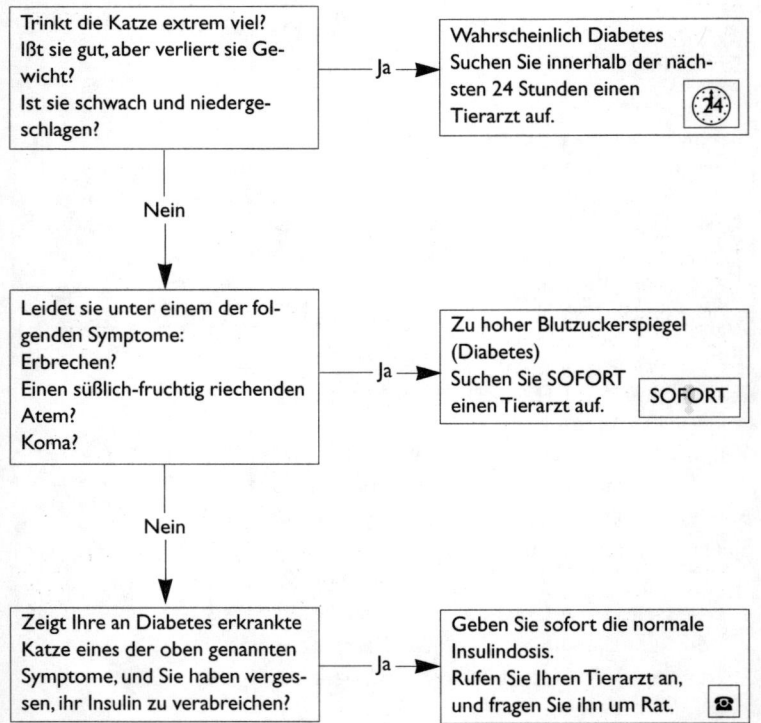

Trinkt die Katze extrem viel? Ißt sie gut, aber verliert sie Gewicht? Ist sie schwach und niedergeschlagen?

— Ja → Wahrscheinlich Diabetes Suchen Sie innerhalb der nächsten 24 Stunden einen Tierarzt auf.

Nein ↓

Leidet sie unter einem der folgenden Symptome: Erbrechen? Einen süßlich-fruchtig riechenden Atem? Koma?

— Ja → Zu hoher Blutzuckerspiegel (Diabetes) Suchen Sie SOFORT einen Tierarzt auf. SOFORT

Nein ↓

Zeigt Ihre an Diabetes erkrankte Katze eines der oben genannten Symptome, und Sie haben vergessen, ihr Insulin zu verabreichen?

— Ja → Geben Sie sofort die normale Insulindosis. Rufen Sie Ihren Tierarzt an, und fragen Sie ihn um Rat.

Durchfall

Durchfall ist eine sehr häufig auftretende Erkrankung. Obwohl er meist durch Veränderungen der Ernährungsgewohnheiten und Allergien hervorgerufen wird, gibt es auch ernsthaftere Hintergründe wie Virusinfektionen, Nierenentzündung, Tumoren und Stoffwechselstörungen, alles Krankheiten, bei denen der Stuhlgang chronisch flüssig ist.

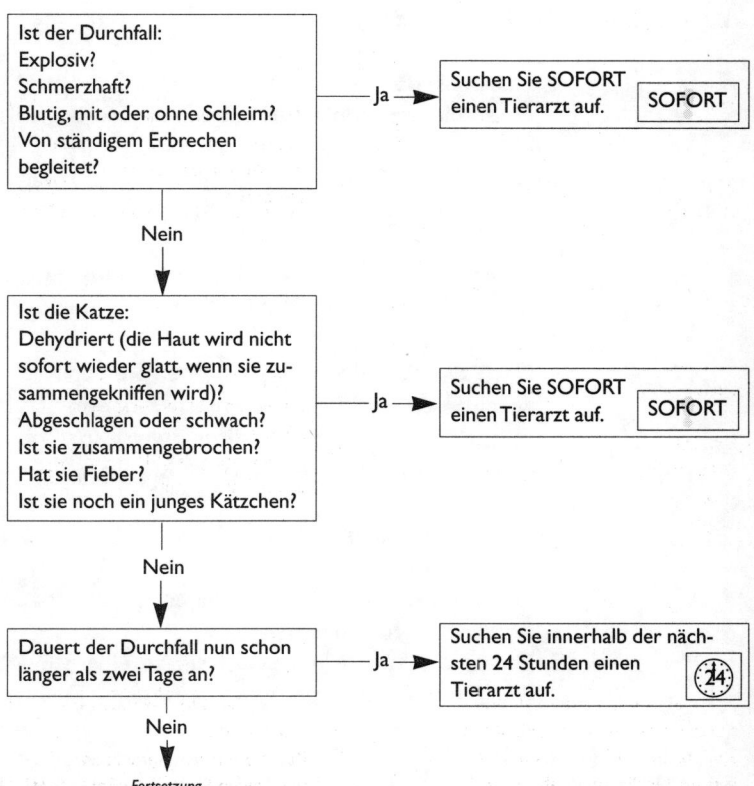

Ist der Durchfall:
Explosiv?
Schmerzhaft?
Blutig, mit oder ohne Schleim?
Von ständigem Erbrechen begleitet?

— Ja ➤ Suchen Sie SOFORT einen Tierarzt auf. | SOFORT

Nein

Ist die Katze:
Dehydriert (die Haut wird nicht sofort wieder glatt, wenn sie zusammengekniffen wird)?
Abgeschlagen oder schwach?
Ist sie zusammengebrochen?
Hat sie Fieber?
Ist sie noch ein junges Kätzchen?

— Ja ➤ Suchen Sie SOFORT einen Tierarzt auf. | SOFORT

Nein

Dauert der Durchfall nun schon länger als zwei Tage an?

— Ja ➤ Suchen Sie innerhalb der nächsten 24 Stunden einen Tierarzt auf. 🕐

Nein

Fortsetzung

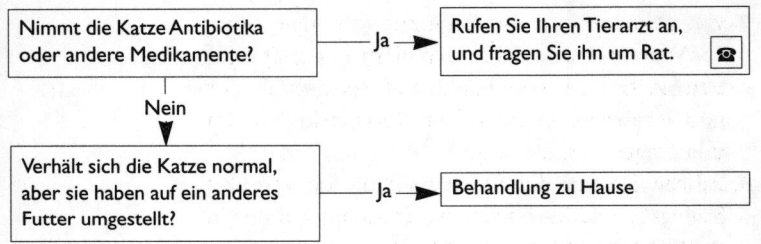

Durchfall ohne Erbrechen:

Kaolinpräparate
sind hilfreich

1. Geben Sie der Katze nichts mehr zu fressen, aber um so mehr zu trinken, um eine Dehydrierung zu vermeiden.
2. Verabreichen Sie ein Kaolinpräparat, und zwar alle sechs Stunden einen Teelöffel pro 5 kg Körpergewicht.
3. Wenn der Durchfall länger als vierundzwanzig Stunden anhält oder Blut im Stuhl ist, rufen Sie Ihren Tierarzt an.
4. Nach zwölfstündigem Fasten geben Sie der Katze ein kleines Stück gekochtes Hühnerfleisch. Fahren Sie mit dieser Ernährungsweise fort, bis der Stuhlgang sich wieder normalisiert hat.

Durchfall und leichtes Erbrechen:

1. Geben Sie der Katze zwölf Stunden lang nichts zu fressen und zu trinken.
2. Einmal die Stunde lassen Sie sie an einem Eiswürfel lecken oder verabreichen ihr einen Teelöffel Mineralwasser.
3. Wenn das Erbrechen zwölf Stunden lang nicht mehr aufgetreten ist, füttern Sie die Katze mit et-

was gekochtem Huhn, begleitet von wenig Wasser. Wenn sie sich nicht noch einmal übergibt, geben Sie ihr nach zwei Stunden etwas mehr Futter und verabreichen Sie ihr ein Kaolinpräparat, um den Magen auszukleiden.

4. Fahren Sie mit dieser Behandlung fort, bis der Stuhlgang wieder normal ist. Erst dann gehen Sie wieder zur normalen Ernährung über.

Reduzieren Sie das Risiko einer Durchfallerkrankung, indem sie die Ernährungsgewohnheiten der Katze nicht abrupt umstellen und indem Sie ihr keine Essensreste geben. Wenn Ihre Katze auch außerhalb des Hauses herumstreunt, sollten Sie sie regelmäßig entwurmen.

Erbrechen

Geifern, Lippenlecken und häufiges Schlucken sind oft Symptome für Übelkeit und drohendes Erbrechen. Katzen übergeben sich sehr leicht, um den Magen von Fellkugeln zu befreien. Aber Erbrechen kann auch ein Zeichen für eine Vielzahl ernsthafter Erkrankungen sein.

Symptome für drohendes Erbrechen

Überprüfen Sie, ob die Katze einen Schock erlitten hat: Blasses oder weißes Zahnfleisch, erhöhte Atemfrequenz, schwacher und schneller Puls, kalte Extremitäten, allgemeine Schwäche.
Wenn das Erbrechen von Durchfall begleitet wird, lesen Sie im Kapitel *Durchfall* nach.

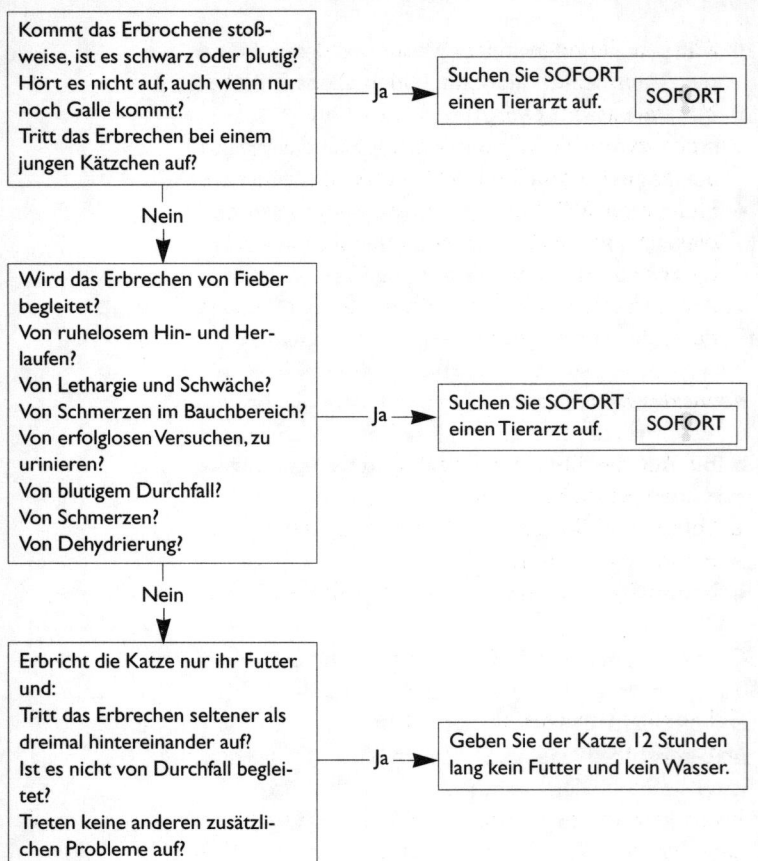

Kommt das Erbrochene stoßweise, ist es schwarz oder blutig? Hört es nicht auf, auch wenn nur noch Galle kommt? Tritt das Erbrechen bei einem jungen Kätzchen auf?

→ Ja → Suchen Sie SOFORT einen Tierarzt auf. **SOFORT**

Nein ↓

Wird das Erbrechen von Fieber begleitet? Von ruhelosem Hin- und Herlaufen? Von Lethargie und Schwäche? Von Schmerzen im Bauchbereich? Von erfolglosen Versuchen, zu urinieren? Von blutigem Durchfall? Von Schmerzen? Von Dehydrierung?

→ Ja → Suchen Sie SOFORT einen Tierarzt auf. **SOFORT**

Nein ↓

Erbricht die Katze nur ihr Futter und: Tritt das Erbrechen seltener als dreimal hintereinander auf? Ist es nicht von Durchfall begleitet? Treten keine anderen zusätzlichen Probleme auf?

→ Ja → Geben Sie der Katze 12 Stunden lang kein Futter und kein Wasser.

1. Nehmen Sie alles Futter und Wasser fort.
2. Wenn die Katze dehydriert ist oder einen Schock erlitten hat, behandeln Sie den Schockzustand, und suchen Sie sofort einen Tierarzt auf.
3. Wenn die Katze nicht dehydriert ist oder unter Schock steht, geben Sie ihr zwölf Stunden lang kein Wasser und zwölf bis vierundzwanzig Stunden nichts zu fressen.

4. Alle paar Stunden sollten Sie ihr zur Befeuchtung des Mauls einen Eiswürfel oder einen Teelöffel Mineralwasser geben.
5. Nach zwölf bis vierundzwanzig Stunden geben Sie ihr ein bis drei Teelöffel Schonkost (gekochtes Huhn oder fleischhaltige Babynahrung). Wenn sie dieses Futter nicht erbricht, geben Sie ihr alle ein bis zwei Stunden etwas mehr.
6. Am darauffolgenden Tag können Sie ihr wieder normales Futter geben.

Vermeiden Sie Probleme:

■ Bürsten Sie ihre Katze regelmäßig, um die ausfallenden Haare zu entfernen.
■ Vermeiden Sie abrupte Veränderungen in der Ernährung der Katze.
■ Lassen Sie nicht zu, daß Ihre Katze im Müll wühlt.

Erfrierungserscheinungen und Unterkühlung

Wenn der Körper extremer Kälte ausgesetzt ist, kann das zu einer Unterkühlung des gesamten Organismus führen. Wenn die Kerntemperatur drastisch sinkt, ist das Leben der Katze in Gefahr. Die meisten Katzen werden von ihrem dichten Fell vor Kälte geschützt. Die Extremitäten, ebenso wie die Ohrspitzen und der Schwanz, haben den geringsten Schutz und können Erfrierungen davontragen.

Bei Unterkühlung besteht Lebensgefahr

Überprüfen Sie, ob die Katze einen Schock erlitten hat: Blasses oder weißes Zahnfleisch, erhöhte Atemfre-

*quenz, schwacher und schneller Puls, kalte Extremitä-
ten, allgemeine Schwäche.*

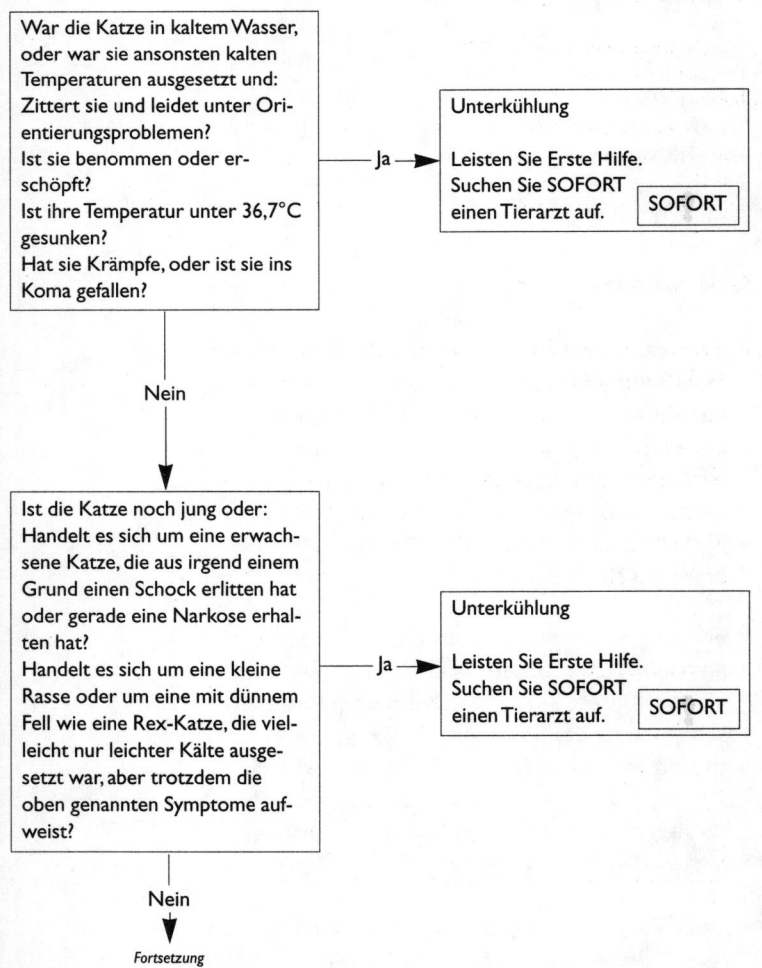

War die Katze in kaltem Wasser,
oder war sie ansonsten kalten
Temperaturen ausgesetzt und:
Zittert sie und leidet unter Ori-
entierungsproblemen?
Ist sie benommen oder er-
schöpft?
Ist ihre Temperatur unter 36,7°C
gesunken?
Hat sie Krämpfe, oder ist sie ins
Koma gefallen?

→ Ja →

Unterkühlung

Leisten Sie Erste Hilfe.
Suchen Sie SOFORT
einen Tierarzt auf.   SOFORT

Nein

Ist die Katze noch jung oder:
Handelt es sich um eine erwachsene Katze, die aus irgend einem
Grund einen Schock erlitten hat
oder gerade eine Narkose erhalten hat?
Handelt es sich um eine kleine
Rasse oder um eine mit dünnem
Fell wie eine Rex-Katze, die vielleicht nur leichter Kälte ausgesetzt war, aber trotzdem die
oben genannten Symptome aufweist?

→ Ja →

Unterkühlung

Leisten Sie Erste Hilfe.
Suchen Sie SOFORT
einen Tierarzt auf.   SOFORT

Nein

Fortsetzung

War die Katze eiskaltem Wind,
Schnee oder niedrigen Temperaturen ausgesetzt und:
Sind die Ohrspitzen entweder
sehr hell oder rot und geschwollen?
Hat sie Schmerzen, wenn die Ohren, der Schwanz oder die Pfoten
berührt werden?
Die Haut ist kalt und erwärmt
sich auch nach längerer Zeit
nicht?
Die Haut ist verschrumpelt?

→ Ja →

Erfrierungen

Leisten Sie Erste Hilfe.

Bei Unterkühlung:

1. Wickeln Sie die Katze in warme Decken. (Erwär-
men Sie die Decken, indem Sie sie zum Beispiel
kurz in den Trockner stecken.)

2. Legen Sie der Katze eine in ein Handtuch gewickelte Wärmflasche auf den Bauch. (Achten Sie
darauf, daß die Wärmflasche wirklich einge-
wickelt ist. Eine nackte Wärmflasche kann zu Verbrennungen an der Haut führen.)

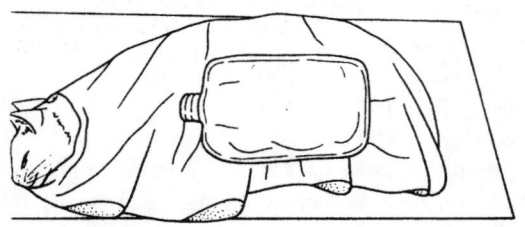

Wickeln Sie den
ganzen Körper,
einschließlich der
Extremitäten in
warme Decken.
Die Wärmflasche
sorgt dafür, daß
auch die Organe
im Bauchbereich
wieder warm
werden.

3. Wenn die Katze bei Bewußtsein ist, sollten Sie Ihr
   etwas Heißes zu trinken geben.
4. Messen Sie alle zehn Minuten die Temperatur der
   Katze. Wenn sie unter 36,7°C gesunken ist, sollten Sie sofort einen Tierarzt anrufen. Wenn Sie
   über 37,8°C gestiegen ist, nehmen Sie die Wärmflasche wieder fort, aber sorgen Sie dafür, daß die
   Katze in einem warmen Zimmer bleibt. (Vermeiden Sie es, die Katze zu überhitzen.)

Bei Erfrierungen:

1. Wenn die Katze extremer Kälte ausgesetzt war,
   untersuchen Sie die Füße, die Ohren und den
   Schwanz. Sind sie sehr hell, oder zeigen sie Erfrierungserscheinungen?
2. Massieren Sie die befallenen Stellen mit einem
   warmen Handtuch. (Reiben Sie nicht zu fest, und
   vermeiden Sie, Druck auszuüben. Das kann das
   betroffene Gewebe nur noch stärker schädigen.)
3. Wärmen Sie die erfrorenen Körperstellen mit
   lauwarmem Wasser, das ungefähr auf 32,2°C erwärmt sein sollte. Wenn die Haut auftaut, wird sie
   rot.
4. Wenn die Haut sich dunkel verfärbt, suchen Sie
   sofort einen Tierarzt auf.

Ersticken

Normalerweise sind Katzen sehr vorsichtig mit
dem, was sie in den Mund nehmen, aber manchmal
bleiben Knochensplitter zwischen den Zähnen hängen oder kleben am harten Gaumen, so daß die Katze ständig mit der Pfote ans Maul greift. Wenn ein

Knochen oder ein anderer Fremdkörper die Luftröhre blockiert, bekommt die Katze keine Luft mehr. Wenn sie Erstickungserscheinungen zeigt, warten Sie nicht auf die Hilfe des Tierarztes. Je länger Sie warten, um so eher riskieren Sie den Erstickungstod Ihrer Katze.

Wenn ein Fremdkörper im Mund Ihrer Katze steckt, der keine Erstickungserscheinungen verursacht, lesen Sie im Kapitel *Mundverletzungen* nach.

Erstickungserscheinungen sind beängstigend. Ein normalerweise ruhiges Tier wird Sie jetzt wahrscheinlich kratzen und beißen. Seien Sie deshalb besonders vorsichtig, damit Sie nicht verletzt werden.

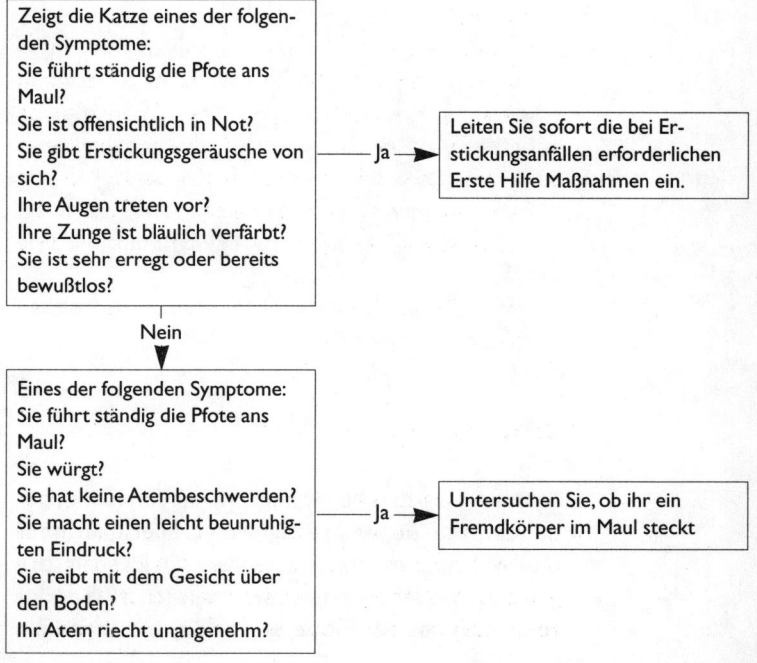

Zeigt die Katze eines der folgenden Symptome:
Sie führt ständig die Pfote ans Maul?
Sie ist offensichtlich in Not?
Sie gibt Erstickungsgeräusche von sich?
Ihre Augen treten vor?
Ihre Zunge ist bläulich verfärbt?
Sie ist sehr erregt oder bereits bewußtlos?

— Ja ➤ Leiten Sie sofort die bei Erstickungsanfällen erforderlichen Erste Hilfe Maßnahmen ein.

Nein ▼

Eines der folgenden Symptome:
Sie führt ständig die Pfote ans Maul?
Sie würgt?
Sie hat keine Atembeschwerden?
Sie macht einen leicht beunruhigten Eindruck?
Sie reibt mit dem Gesicht über den Boden?
Ihr Atem riecht unangenehm?

— Ja ➤ Untersuchen Sie, ob ihr ein Fremdkörper im Maul steckt

Wenn die Katze bei Bewußtsein ist:

1. Halten Sie die Katze fest, und wickeln Sie sie in ein Handtuch, so daß nur noch der Kopf herausguckt.
2. Öffnen Sie den Mund, indem Sie den Oberkiefer mit einer Hand greifen und die Lippen über die obere Zahnreihe drücken.

Der Daumen drückt auf der einen und die Finger auf der anderen Seite, so daß die Oberlippen die obere Zahnreihe bedecken.

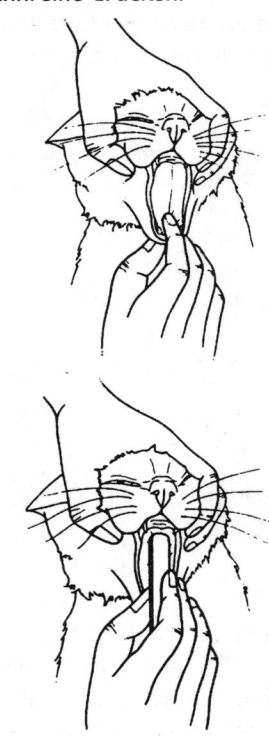

Ein stumpfes Instrument wird hinter den Gegenstand geschoben, um ihn zu lösen und nach vorn zu holen.

3. Öffnen Sie den Mund mit Ihrer anderen Hand.
4. Benutzen Sie einen stumpfen Gegenstand oder den Griff eines Löffels, um das Objekt aus den Zähnen oder vom Gaumen zu lösen. (Wenn Sie einen Faden oder eine Schnur entdecken, ziehen

Sie nicht daran. Sie könnte an einem Objekt im Magen hängen.)

Wenn die Katze bewußtlos ist oder immer noch unter Erstickungserscheinungen leidet, und Sie das Objekt nicht sehen können:

1. Halten Sie die Katze an den Oberschenkeln fest und schwingen Sie sie vorsichtig hin und her.

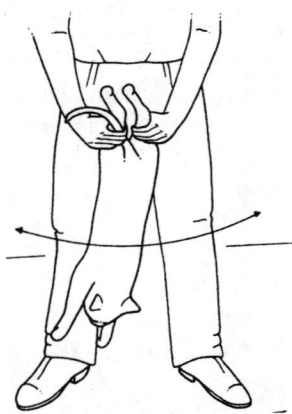

Die Oberschenkel werden mit festem Griff gepackt. Lassen Sie die Katze hin- und herschwingen. Wenn diese Methode nicht innerhalb einer Minute Wirkung zeigt, sollten Sie auf den Bauch drücken.

2. Legen Sie die Katze auf die Seite.
3. Mit einer Hand unterstützen Sie den Rücken, greifen den Bauch genau unter den Rippen und drücken ihn nach oben in Richtung Kehle. (Dies ist eine Variante des Heimlich-Handgriffes, den man bei Menschen anwendet. Zuviel Druck kann innere Blutungen hervorrufen.)
4. Lassen Sie jetzt die Finger in das Maul gleiten, und holen Sie das Objekt heraus, das sich durch die

Aktion gelöst haben sollte. Achten Sie darauf, daß
Sie nicht gebissen werden.

5. Wenn nötig, beatmen Sie die Katze oder leiten
Sie Wiederbelebungsmaßnahmen ein.

6. Wenn Wiederbelebungsmaßnahmen notwendig
sind, sollten Sie anschließend sofort einen Tierarzt aufsuchen.

Ertrinken

Die meisten
Katzen meiden
Wasser.

Die meisten Katzen stehen dem Wasser eher
mißtrauisch gegenüber, so daß entsprechende Notfälle in der Regel ausbleiben. Die Gefahr, daß die
Katze ertrinkt, besteht nur dann, wenn sie in ein
Wasserbecken fällt, aus dem sie nicht mehr herauskommt, wie zum Beispiel in einen Swimming-pool,
einen Wassertank oder einen Kanal.

1. Retten Sie die Katze.

2. Wenn die Katze bei Bewußtsein ist, wickeln Sie
sie in ein Handtuch, um sie warm zu halten.

3. Wenn die Katze nicht mehr bei Bewußtsein ist,
befreien Sie die Lungen von Wasser, indem Sie das
Tier kopfüber an den Hinterbeinen aufhängen
und ein paar nach unten gerichtete Schüttelbe-
wegungen machen.

4. Legen Sie die Katze auf die Seite, und sorgen Sie
dafür, daß der Kopf niedriger liegt als die Lunge.
Holen Sie Fremdkörper und Schmutz aus ihrem
Mäulchen, und ziehen Sie die Zunge nach vorn.

5. Überprüfen Sie, ob das Herz noch schlägt. Wenn
nicht, beginnen Sie mit der Wiederbelebung.

6. Wenn das Herz schlägt, die Katze jedoch nicht
mehr atmet, beatmen Sie sie künstlich.

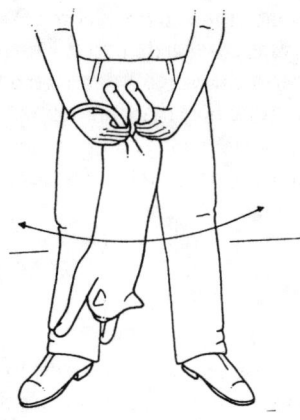

Halten Sie die Katze genau über den Knien an den Hinterläufen fest, und schütteln Sie das Wasser aus den Atemwegen und der Lunge, indem Sie sie von einer Seite zur anderen schwingen und sie auf und ab schütteln.

Wenn die Katze beinahe ertrunken wäre, können auch Stunden nach dem Vorfall ernsthafte, lebensgefährliche Gesundheitsprobleme auftreten. Bringen sie die Katze sofort zum Tierarzt.

Überprüfen Sie, ob die Katze einen Schock erlitten hat: Blasses oder weißes Zahnfleisch, erhöhte Atemfrequenz, schwacher und schneller Puls, kalte Extremitäten, allgemeine Schwäche.

Fleischwunden

Fleischwunden sind fast immer infiziert. Meist handelt es sich um Bisse von anderen Katzen. Sie richten oberflächlich betrachtet vielleicht nur wenig Schaden an: Dort, wo die Zähne die Haut durchdrungen haben, sieht man kaum mehr als etwas verfilztes Fell. Aber unter der Haut bildet sich Eiter, durch dessen Ansammlung wiederum ein Abszeß entstehen kann. Eine solche Infektion kann auch andere Körperteile befallen und zu ernsthaften gesundheitlichen Problemen führen.

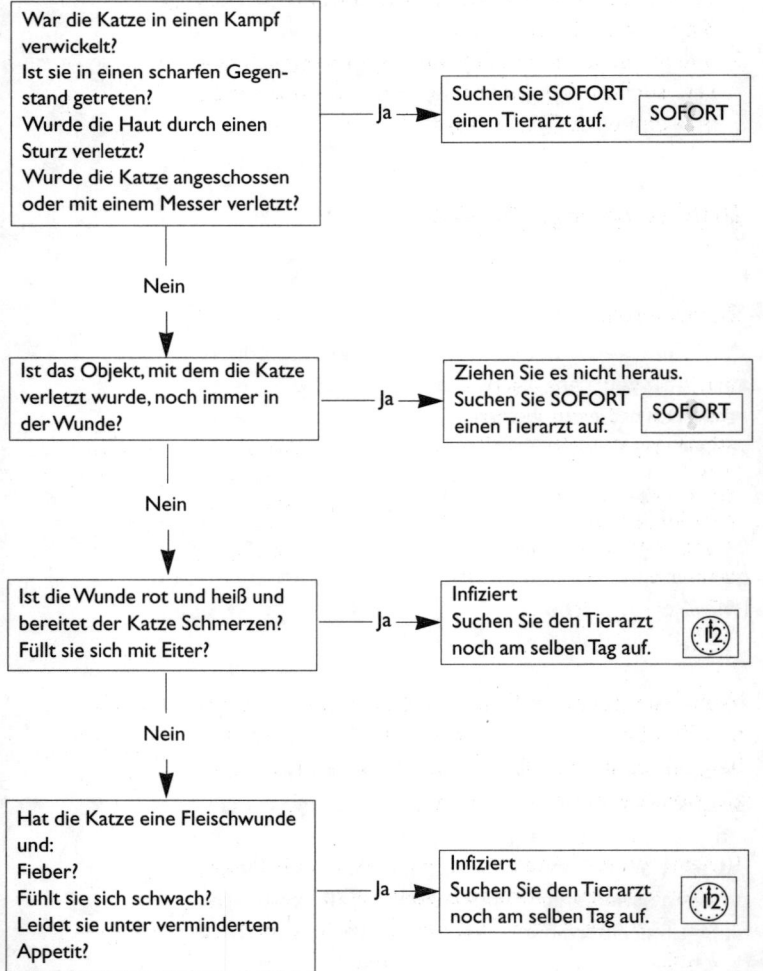

War die Katze in einen Kampf verwickelt?
Ist sie in einen scharfen Gegenstand getreten?
Wurde die Haut durch einen Sturz verletzt?
Wurde die Katze angeschossen oder mit einem Messer verletzt?

— Ja → Suchen Sie SOFORT einen Tierarzt auf.   SOFORT

Nein

Ist das Objekt, mit dem die Katze verletzt wurde, noch immer in der Wunde?

— Ja → Ziehen Sie es nicht heraus. Suchen Sie SOFORT einen Tierarzt auf.   SOFORT

Nein

Ist die Wunde rot und heiß und bereitet der Katze Schmerzen?
Füllt sie sich mit Eiter?

— Ja → Infiziert
Suchen Sie den Tierarzt noch am selben Tag auf.

Nein

Hat die Katze eine Fleischwunde und:
Fieber?
Fühlt sie sich schwach?
Leidet sie unter vermindertem Appetit?

— Ja → Infiziert
Suchen Sie den Tierarzt noch am selben Tag auf.

Bisse und Abszesse

1. Beruhigen Sie die Katze. Stellen Sie sie ruhig, und verbinden Sie, wenn nötig, Ihre Schnauze, damit sie Sie nicht beißt. Setzen Sie sich keinem Risiko aus. Die Katze könnte beißen und kratzen, wenn sie erregt ist und Schmerzen hat.

   Überprüfen Sie, ob sie einen Schock erlitten hat.

2. Wenn die Brust verletzt ist, bedecken Sie die Wunde mit einem sauberen, feuchten Tuch. Verbinden Sie die Brust fest genug, um die Wunde zu versiegeln.

3. Überprüfen Sie, ob die Katze einen Schock erlitten hat. Beatmen Sie sie, führen Sie eine Herzmassage durch, und suchen Sie sofort einen Tierarzt auf.

4. Wenn der Bauchbereich verletzt ist und die inneren Organe sichtbar sind, waschen Sie sie, wenn möglich sofort mit sauberem Wasser; dann verbinden Sie den Bauch der Katze mit einem warmen, feuchten Tuch, halten Sie die Katze warm, und suchen Sie dringend tierärztliche Hilfe auf.

5. Wenn Muskelfleisch verletzt ist, säubern Sie die Wunden mit dreiprozentiger Wasserstoffperoxydlösung, halten Sie die Katze warm, überprüfen Sie, ob sie einen Schock erlitten hat, und suchen Sie sofort einen Tierarzt auf.

Benutzen Sie keine Desinfektionsmittel an der offenen Brust oder an offenen Wunden im Bauchbereich.

Bisse an den Füßen können Schwellungen, Hinken und Verhaltensveränderungen zur Folge haben. (siehe Kapitel *Bisse und Stiche*)

Schußwunden

1. Beruhigen Sie die Katze, und halten Sie sie fest.
2. Behandeln Sie offensichtliche Notfälle wie Blutungen.
3. Selbst wenn die Verletzung nur leicht zu sein scheint, sollten Sie sofort einen Tierarzt aufsuchen. (Verletzungen durch Luftgewehre zum Beispiel sind trügerisch. Das Fell wird in die Wunde gezogen und verbirgt sie. Achten Sie darauf, ob Ihre Katze sich versteckt und sehr empfindlich reagiert. Suchen Sie sofort einen Tierarzt auf.)

Pfeile

1. Ziehen Sie den Pfeil nicht heraus.
2. Schneiden Sie den Pfeil ab, so daß noch 5 cm sichtbar bleiben.

Der Pfeil wird in der Nähe des Katzenkörpers abgeschnitten. Das reduziert die Gefahr weiterer Verletzungen, wenn die Katze bewegt wird.

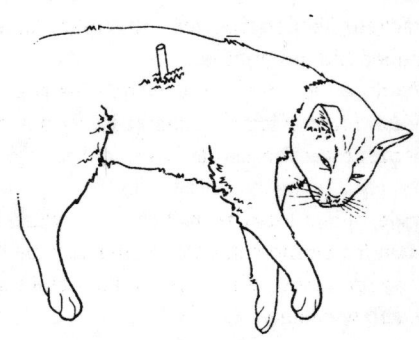

3. Verbinden Sie die Brust fest um den Eintrittspunkt des Pfeiles. (Das minimiert die Bewegung des Pfeiles und verhindert weitere innere Verletzungen.)

4. Wenn nötig, behandeln Sie die Katze gegen Schock, und suchen Sie sofort einen Tierarzt auf.

Stacheln von Stachelschweinen (Zwar sind Stachelschweine in unseren Breiten eher selten, bei Urlaubsreisen nach Südosteuropa können sie aber durchaus angetroffen werden.)

1. Wenn möglich, suchen Sie sofort einen Tierarzt auf. Die Stacheln werden unter Narkose entfernt.
2. Wenn es sich nur um wenige Stacheln handelt, ziehen Sie jeden einzelnen mit einer Kneifzange heraus, wobei Sie dem Winkel des Stachelschaftes folgen.

Splitter

1. Reinigen Sie die Haut mit warmem Wasser und Seife.
2. Packen Sie den Splitter mit einer Pinzette, und ziehen Sie ihn heraus.
3. Wenn er entfernt ist, waschen Sie die Stelle erneut mit warmem Seifenwasser oder mit dreiprozentiger Wasserstoffperoxydlösung.

Suchen Sie den Tierarzt auf.

Solange offene Wunden nicht heftig bluten, die Brust nicht verletzt ist oder das Objekt, mit dem die Katze verletzt wurde, nicht mehr in der Wunde steckt, sollten Sie sie nicht verbinden.

Nach einer solchen Verletzung sollten Sie immer Ihren Tierarzt aufsuchen. Eine Tetanuserkrankung ist bei Katzen zwar erheblich seltener als bei Menschen, der Erreger kann jedoch trotzdem in tiefen Wunden hervorragend gedeihen. Ihr Tierarzt wird vielleicht eine Tetanusimpfung vornehmen wollen.

Tetanus entwickelt sich innerhalb fünf bis fünfzehn Tagen, nachdem die Verletzung erfolgt ist. Die
Symptome sind:

- Licht- und Geräuschempfindlichkeit
- Die Ohren sind steifer als sonst
- Allgemeine Versteifung der Glieder bis hin zu Läh-
  mungserscheinungen
- Ständiges Umfallen

Geburt

Schwierigkeiten bei der Geburt können durch zu
schwache Wehen oder Mißbildungen des Fötus entstehen. Ältere oder übergewichtige Katzen leiden
häufiger an schwachen Wehen als andere. Ist die
Katze zu jung, ist es wahrscheinlicher, daß sie ihren
Wurf verliert.

Haben nach sechsundsechzig Tagen der Schwangerschaft noch
immer keine Wehen eingesetzt?
Die Temperatur fällt auf 37,8°C,
und trotzdem setzen innerhalb
der folgenden 24 Stunden keine
Wehen ein?
Die erste Wasserblase wird sicht-   — Ja →   Rufen Sie den Tierarzt an, und
bar, und trotzdem setzen inner-   fragen Sie ihn um Rat.   ☎
halb der folgenden Stunde keine
Wehen ein?
Die Katze hat seit 45 Minuten
starke Wehen, doch es kommt
noch immer nicht zur Entbindung?

Fortsetzung

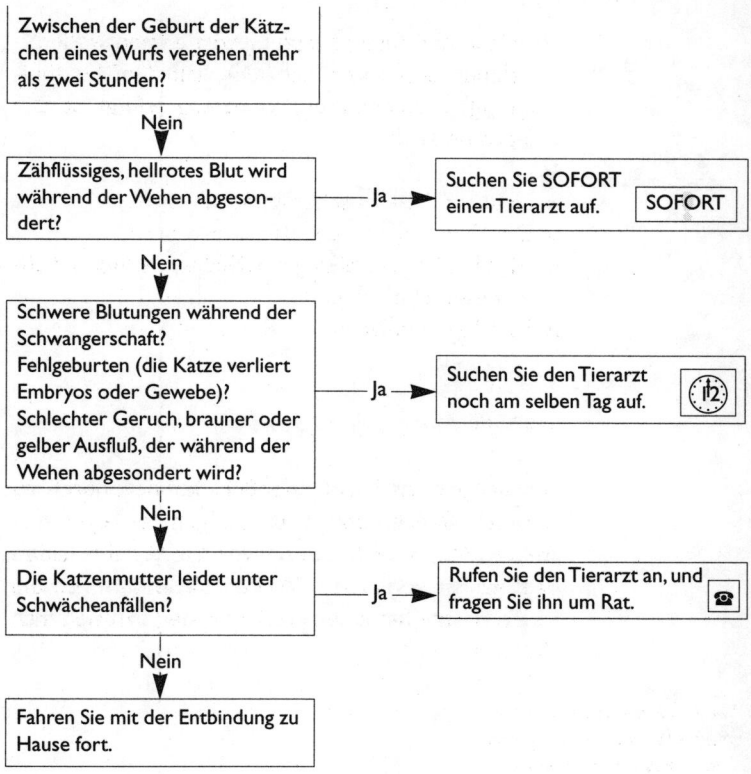

Wenn ein Kätzchen im Geburtskanal steckenbleibt:

1. Greifen Sie das Kätzchen vorsichtig mit einem warmen, sauberen Handtuch.
2. Achten Sie auf die Wehen der Mutter. Ziehen Sie im gleichen Rhythmus an dem Kätzchen. Sanft und allmählich sollten Sie das Kätzchen in einem Bogen auf die Hinterbeine der Mutter zu bewegen, bis die Entbindung abgeschlossen ist.
3. Wenn Sie das Kätzchen nicht herausbekommen, fahren Sie sofort zum Tierarzt.

Während man die
Mutter beruhigt,
wird dem
Kätzchen in
gleichmäßigem
Rhythmus dabei
geholfen, durch
den Muttermund
nach außen
vorzudringen.

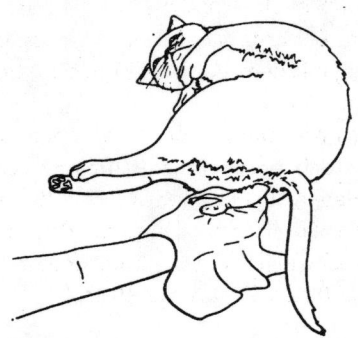

Wenn die Mutter kein Interesse an dem Kätzchen zeigt:

1. Legen Sie das neugeborene Kätzchen auf ein warmes, sauberes Handtuch.
2. Mit dem Handtuch pellen Sie die Membran zunächst vom Kopf und dann vom Körper des Kätzchens herunter. Die Membran sammelt sich um die Nabelschnur herum an. (Auf keinen Fall sollten Sie an der Nabelschnur ziehen oder sie durchschneiden.)

Mäulchen und
Nasenlöcher
müssen von der
Flüssigkeit befreit
werden, damit das
Kätzchen atmen
kann.

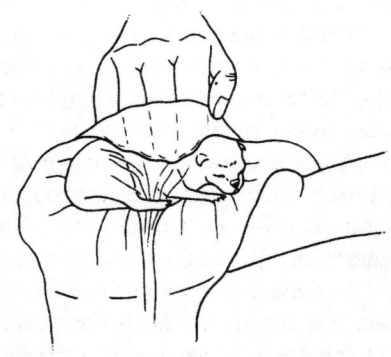

3. Nachdem Sie die Flüssigkeit vom Gesicht des Kätzchens entfernt haben, reiben Sie seinen Körper kräftig mit dem Handtuch, um die Atmung zu aktivieren.

4. Wenn das Kätzchen nicht atmet, legen Sie es in das Handtuch, und nehmen Sie es zwischen die Hände. Heben Sie die Hände bis in Schulterhöhe, dann lassen Sie sie schnell in einem Bogen wieder herunterschwingen, um die Atemwege zu befreien. Wiederholen Sie das mehrfach.

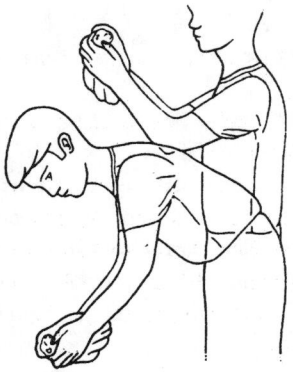

Halten Sie das Kätzchen fest zwischen den Händen, während Sie sie hinauf- und hinunterschwingen lassen, dann wischen Sie die ausgetretene Flüssigkeit von Nase und Mäulchen fort.

5. Reiben Sie das Kätzchen kräftig mit dem Handtuch ab. Hören Sie mit der Behandlung auf, wenn es aktiv atmet, miaut oder sich bewegt.

6. Geben Sie das Kätzchen dann der Katzenmutter zurück. Wenn Sie noch immer nicht bereit ist, dafür zu sorgen, wenden Sie sich an Ihren Tierarzt. (Wenn die Mutter die Nachgeburt nicht auffrißt, wickeln Sie einen Faden von etwa 2,5 cm Länge um jede Nabelschnur, und zwar genau über dem Bauch eines jeden Kätzchens. Schneiden Sie die Nachgeburt ab, wobei Sie den Faden an dem Teil lassen, der am Kätzchen befestigt ist.)

- Vermeiden Sie jeglichen Streß für die Mutter während einer normalen Geburt.
- Lassen Sie keine Besuche von Fremden zu.
- Bei einer normalen Geburt sollten Sie die Mutter unter gar keinen Umständen woanders hinlegen.
- Vermeiden Sie grelles Licht.
- Seien Sie vorsichtig mit der Nabelschnur, insbesondere bei Langhaarkatzen. Eine vertrocknete Nabelschnur kann sich versehentlich um ein Bein eines Kätzchens wickeln und wie eine Aderpresse wirken. Sorgen Sie dafür, daß die Nabelschnüre durchtrennt werden.

Nach der Geburt

Nach der Geburt sind Notfälle unwahrscheinlich, können jedoch auftreten. Sowohl die neugeborenen Kätzchen, als auch die Mutter sind nun besonders infektionsanfällig. Wenn die Mutter keine Erfahrung oder Angst hat, laufen die Kätzchen Gefahr, vernachlässigt zu werden. Sehr selten kommt es vor, daß das Muttertier zittert oder taumelt, weil sein Kalziumspiegel zu niedrig ist. Wenn dieses medizinische Problem nicht behandelt wird, kann es zum Tode führen.

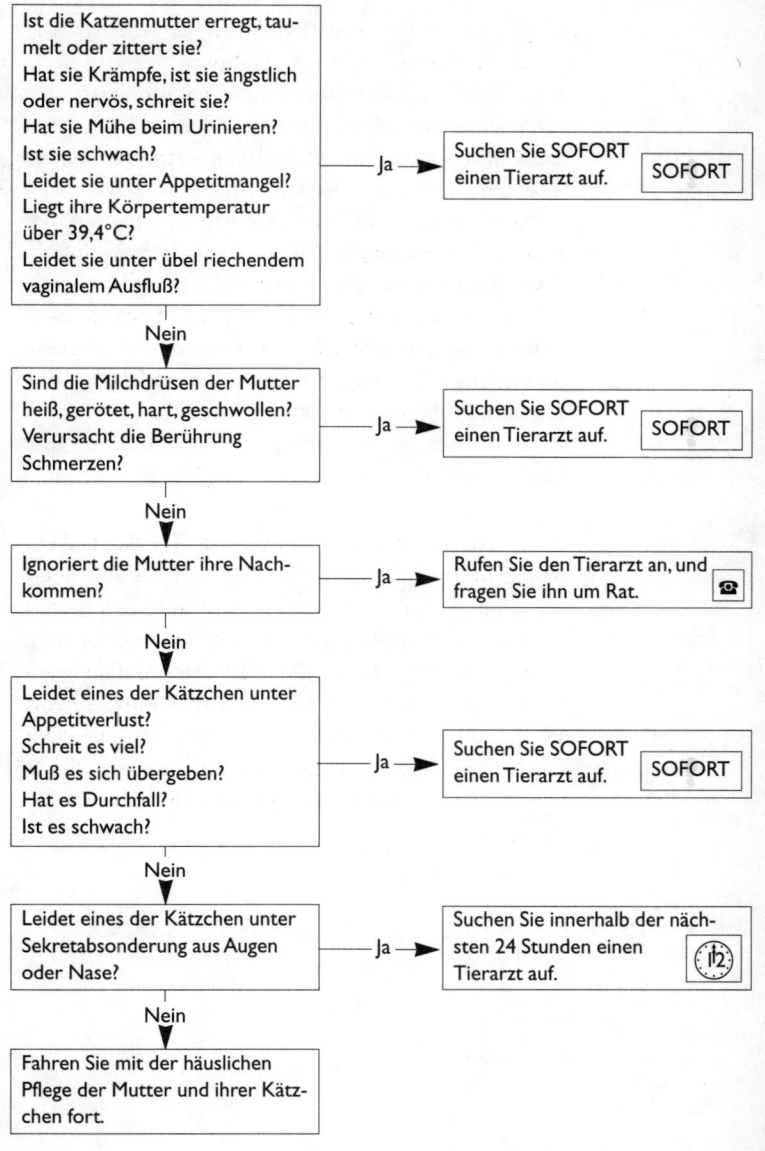

Ist die Katzenmutter erregt, taumelt oder zittert sie?
Hat sie Krämpfe, ist sie ängstlich oder nervös, schreit sie?
Hat sie Mühe beim Urinieren?
Ist sie schwach?
Leidet sie unter Appetitmangel?
Liegt ihre Körpertemperatur über 39,4°C?
Leidet sie unter übel riechendem vaginalem Ausfluß?

Ja → Suchen Sie SOFORT einen Tierarzt auf. SOFORT

Nein

Sind die Milchdrüsen der Mutter heiß, gerötet, hart, geschwollen?
Verursacht die Berührung Schmerzen?

Ja → Suchen Sie SOFORT einen Tierarzt auf. SOFORT

Nein

Ignoriert die Mutter ihre Nachkommen?

Ja → Rufen Sie den Tierarzt an, und fragen Sie ihn um Rat. ☎

Nein

Leidet eines der Kätzchen unter Appetitverlust?
Schreit es viel?
Muß es sich übergeben?
Hat es Durchfall?
Ist es schwach?

Ja → Suchen Sie SOFORT einen Tierarzt auf. SOFORT

Nein

Leidet eines der Kätzchen unter Sekretabsonderung aus Augen oder Nase?

Ja → Suchen Sie innerhalb der nächsten 24 Stunden einen Tierarzt auf. 🕐

Nein

Fahren Sie mit der häuslichen Pflege der Mutter und ihrer Kätzchen fort.

Gift – eingeatmet

Eingeatmetes Gift beeinträchtigt häufig die Atmung. Konzentrierte Insektenvernichtungsmittel zum Beispiel können neurologische Symptome wie Zuckungen und erhöhten Speichelfluß hervorrufen. Wenn Rauch oder Reizmittel wie Tränengas einge-atmet werden, sollten Sie davon ausgehen, daß die Atemwege entzündet sind.

Bringen Sie sich nicht in Gefahr, indem Sie sich einer Umgebung mit toxischen Dämpfen aussetzen.
Überprüfen Sie, ob die Katze einen Schock erlitten hat: Blasses oder weißes Zahnfleisch, erhöhte Atemfre-quenz, schwacher und schneller Puls, kalte Extremitä-ten, allgemeine Schwäche.

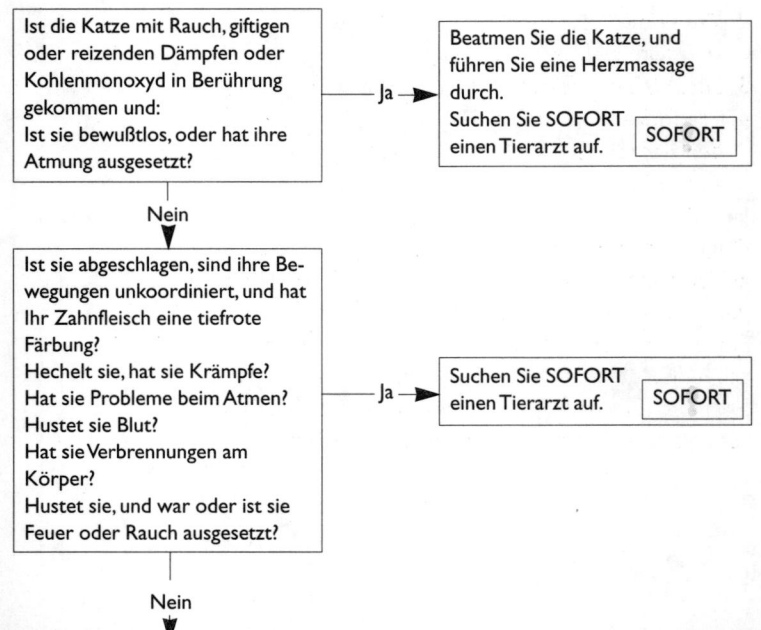

Ist die Katze mit Rauch, giftigen oder reizenden Dämpfen oder Kohlenmonoxyd in Berührung gekommen und:
Ist sie bewußtlos, oder hat ihre Atmung ausgesetzt?

— Ja → Beatmen Sie die Katze, und führen Sie eine Herzmassage durch.
Suchen Sie SOFORT einen Tierarzt auf. | SOFORT |

Nein ↓

Ist sie abgeschlagen, sind ihre Be-wegungen unkoordiniert, und hat Ihr Zahnfleisch eine tiefrote Färbung?
Hechelt sie, hat sie Krämpfe?
Hat sie Probleme beim Atmen?
Hustet sie Blut?
Hat sie Verbrennungen am Körper?
Hustet sie, und war oder ist sie Feuer oder Rauch ausgesetzt?

— Ja → Suchen Sie SOFORT einen Tierarzt auf. | SOFORT |

Nein ↓

Fortsetzung

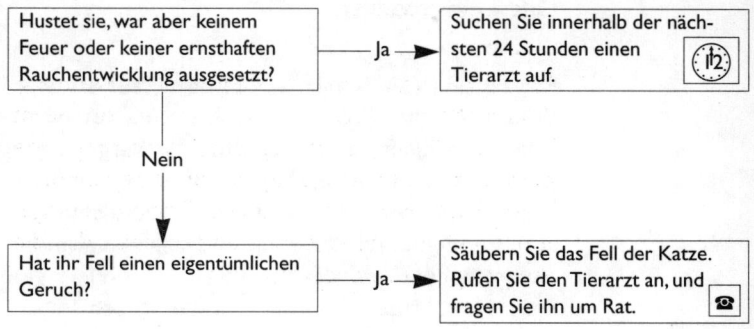

Hustet sie, war aber keinem Feuer oder keiner ernsthaften Rauchentwicklung ausgesetzt? —Ja→ Suchen Sie innerhalb der nächsten 24 Stunden einen Tierarzt auf.

Nein

Hat ihr Fell einen eigentümlichen Geruch? —Ja→ Säubern Sie das Fell der Katze. Rufen Sie den Tierarzt an, und fragen Sie ihn um Rat.

1. Egal, welche Giftstoffe die Katze eingeatmet hat, sorgen Sie dafür, daß die Atemwege des Tieres frei sind. Halten Sie die Atmung aufrecht und sorgen Sie für die angemessene Blutzirkulation, indem Sie, falls nötig, Wiederbelebungsmaßnahmen einleiten.

   Halten Sie die Atemwege frei.

2. Wenn die Katze Krämpfe hat, wickeln Sie sie lose in ein leichtes Handtuch.
3. Suchen Sie sofort einen Tierarzt auf.
4. Wenn Sie Zeit dazu haben, spülen Sie die Augen der Katze mit viel frischem Wasser oder einer apothekenpflichtigen Kochsalzlösung.

Die Schäden, die eine Rauchvergiftung oder das Einatmen anderer giftiger oder reizender Dämpfe hervorrufen können, sollte man nicht unterschätzen. Ein ernsthaftes und möglicherweise tödliches Anschwellen der Atemwege kann noch Stunden später auftreten. Deshalb sollten Sie nach jedem Unfall dieser Art Ihren Tierarzt um Hilfe und Rat bitten.

Gift – geschluckt

Katzen sind sehr wählerisch in Bezug auf das, was
sie zu sich nehmen. Diesem glücklichen Umstand ist
es zu verdanken, daß es nur selten zu Vergiftungen
kommt. Am wahrscheinlichsten ist eine Vergiftung
durch übereifrige Benutzung von Flohvernichtungs-
mitteln oder durch die Verabreichung von Aspirin,
einem Medikament, das für Katzen besonders gefährlich ist. Häufig vergiften sich die Katzen selbst,
indem sie toxische oder ätzende Chemikalien von
ihrem Fell lecken. Unglücklicherweise gibt es auch
Fälle, in denen sie vorsätzlich vergiftet werden.

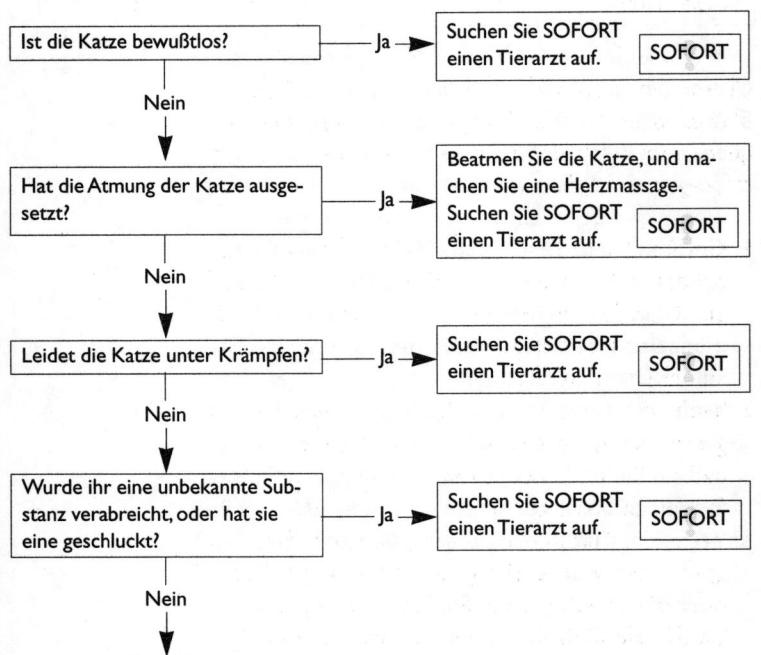

Ist die Katze bewußtlos? — Ja → Suchen Sie SOFORT einen Tierarzt auf. **SOFORT**

Nein ↓

Hat die Atmung der Katze ausgesetzt? — Ja → Beatmen Sie die Katze, und machen Sie eine Herzmassage. Suchen Sie SOFORT einen Tierarzt auf. **SOFORT**

Nein ↓

Leidet die Katze unter Krämpfen? — Ja → Suchen Sie SOFORT einen Tierarzt auf. **SOFORT**

Nein ↓

Wurde ihr eine unbekannte Substanz verabreicht, oder hat sie eine geschluckt? — Ja → Suchen Sie SOFORT einen Tierarzt auf. **SOFORT**

Nein ↓

Fortsetzung

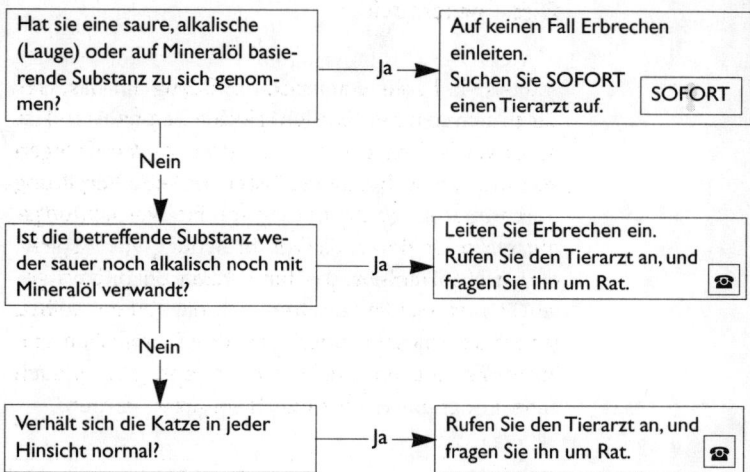

Hat sie eine saure, alkalische (Lauge) oder auf Mineralöl basierende Substanz zu sich genommen? —Ja→ Auf keinen Fall Erbrechen einleiten. Suchen Sie SOFORT einen Tierarzt auf. │ SOFORT │

Nein ↓

Ist die betreffende Substanz weder sauer noch alkalisch noch mit Mineralöl verwandt? —Ja→ Leiten Sie Erbrechen ein. Rufen Sie den Tierarzt an, und fragen Sie ihn um Rat. ☎

Nein ↓

Verhält sich die Katze in jeder Hinsicht normal? —Ja→ Rufen Sie den Tierarzt an, und fragen Sie ihn um Rat. ☎

Überprüfen Sie, ob die Katze einen Schock erlitten hat: Blasses oder weißes Zahnfleisch, erhöhte Atemfrequenz, schwacher und schneller Puls, kalte Extremitäten, allgemeine Schwäche.

1. Geraten Sie nicht in Panik. Wenn die Katze einen Schock erlitten hat oder bewußtlos ist, sorgen Sie dafür, daß die Atemwege frei sind und daß Atmung und Herzschlag nicht aussetzen. Suchen Sie sofort einen Tierarzt auf.

   Halten Sie die Atemwege frei.

2. Wenn die Katze Krämpfe hat, verhindern Sie, daß sie sich selbst Verletzungen zufügt. Vermeiden Sie, daß sie Sie und andere beißt, und suchen Sie sofort einen Tierarzt auf.

3. Wenn das Gift in den vergangenen zwei Stunden geschluckt wurde (ausgenommen Säure, Lauge oder Mineralöle), leiten Sie Erbrechen ein, indem Sie ihr alle fünfzehn Minuten einen gestrichenen Teelöffel Salz verabreichen, bis sie erbricht. Das

Einleiten von Erbrechen ist nur dann sinnvoll, wenn das Gift innerhalb der letzten vier Stunden geschluckt worden ist. (Verabreichen Sie nur dann Brechmittel, wenn die Katze bei Bewußtsein ist.)

Die folgenden Haushaltschemikalien enthalten Säure, Lauge oder Mineralöl:

- Ätzlauge (Natriumhydroxyd/Natronlauge)
- Chlorhaltige Bleichmittel
- Spülmaschinentabs
- Abflußreiniger
- Mineralölprodukte
- Waschpulver
- Lauge
- Backofenreiniger
- (Farb)Lösemittel
- Farbverdünner
- Petroleum
- Mobelpolitur, Schuhcreme, Bohnerwachs
- Toilettenreiniger
- Holzschutzmittel

Eine Hand hebt den Oberkiefer an, so daß die Lippen über die Zähne geschoben werden. Mit der anderen Hand geben Sie das Salz möglichst weit hinten auf die Zunge.

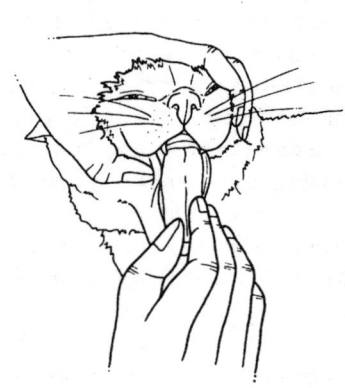

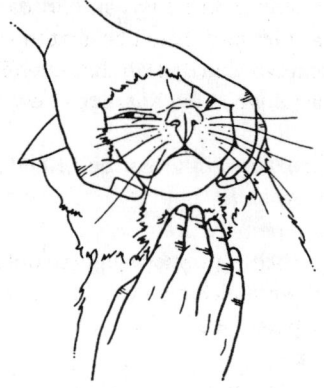

Eine Hand hält der Katze das Maul zu. Die andere streichelt den Hals. Wenn die Katze sich die Lippen leckt, hat sie das Brechmittel geschluckt. Das Erbrechen erfolgt innerhalb weniger Minuten.

4. Verabreichen Sie der Katze zwei Teelöffel mit einem Brei aus Medizinischer Kohle, diese absorbiert das verbleibende Gift.

Nehmen Sie das Erbrochene zum Tierarzt mit.

5. Wenn Sie nicht wissen, um welches Gift es sich handelt, werfen Sie das Erbrochene nicht weg. Behalten Sie etwas davon zurück, und nehmen Sie es zu Ihrem Tierarzt mit. Suchen Sie den Tierarzt so bald wie möglich auf.

6. Wenn das Gift bekannt ist, rufen Sie Ihren Tierarzt oder eine Giftberatungsstelle an, und bitten Sie um weitere Ratschläge.

7. Wenn sich Vergiftungserscheinungen einstellen, leisten Sie Erste Hilfe, und bringen Sie die Katze so bald wie möglich zu einem Tierarzt.

Wenn ein saures, alkalisches oder petroleumhaltiges Gift geschluckt wurde, sollten Sie auf keinen Fall Erbrechen einleiten:

1. Wenn es sich um eine Säure handelt, verabreichen Sie auf oralem Weg Eiweiß, doppeltkohlen-

saures Natrium, pulverisierte Medizinische Kohle oder Olivenöl.

2. Schmieren Sie etwaige Verätzungen im Mundbereich mit einer Paste aus doppeltkohlensaurem
Natrium ein.

3. Wenn die Haut verätzt wurde, spülen Sie die Stelle mindestens fünfzehn Minuten lang mit sauberem, laufendem Wasser.

4. Wenn es sich um eine Lauge handelt, verabreichen Sie Eiweiß oder kleine Mengen Zitronensaft
oder Essig. Gießen Sie Essig auf alkalische Verätzungen, die auf der Haut oder im Mundbereich
auftreten.

5. Suchen Sie sofort Ihren Tierarzt auf.

Bestimmte Gifte

Haushaltsreiniger – Abflußreiniger, Lösemittel, Farblöse-
mittel und sämtliche Produkte, auf denen die Symbole
»Reizend« (orangefarbenes Viereck mit schwarzem
Kreuz) oder »Ätzend« (Reagenzglas mit Hand) auftau-
chen:

Vorsicht!   Vergiftungen dieser Art treten meist dadurch auf,
daß die betreffenden Substanzen irrtümlich zum
Reinigen des Katzenfells benutzt werden. Die Katze schluckt das Gift, wenn sie sich putzt.

Halten Sie nach folgenden Symptomen Ausschau:

- Entzündete Haut
- Erbrechen
- Durchfall
- Möglicherweise Krämpfe
- Abgeschlagenheit

- Husten
- Schmerzen im Bauchbereich
- Rötungen der Mundhöhle und der Zunge

1. Leiten Sie kein Erbrechen ein.
2. Verabreichen Sie oral einen Teelöffel Olivenöl oder einen Teelöffel eines anderen pflanzlichen Öls.
3. Waschen Sie die Haut und das Fell gründlich mit seifenhaltigem Wasser ab. Tragen Sie Gummihandschuhe, um Verätzungen Ihrer Haut vorzubeugen (siehe Gift – Hautkontakt).
4. Suchen Sie sofort einen Tierarzt auf.

Insektizide – Flohhalsbänder, konzentrierte Seifen, Shampoos, Sprays, organische Phosphatverbindungen, Carbamate:

Vorsicht, Insektizide!

Die Vergiftung erfolgt, wenn die Katze sich das Insektizid vom Fell leckt.

Halten Sie nach folgenden Symptomen Ausschau:

- Erregung
- Ruhelosigkeit
- Zuckungen
- Vermehrter Speichelfluß
- Krämpfe
- Koma

Organische Phosphatverbindungen:

- Schwäche der Hinterläufe
- Atemprobleme

- Muskelzuckungen
- Vermehrter Speichelfluß
- Vermehrtes Urinieren/Stuhlgang

Aktivkohle

1. Leisten Sie Erste Hilfe.
2. Wenn die Katze das Gift geschluckt hat, leiten Sie das Erbrechen ein, und verabreichen Sie Aktivkohle.
3. Wenn das Gift mit der Haut in Berührung gekommen ist, waschen Sie es mit reichlich Seifenwasser herunter. (Tragen Sie Gummihandschuhe, um sich selbst vor Verletzungen zu schützen.)
4. Suchen Sie sofort einen Tierarzt auf. (Er kann der Katze ein Gegengift geben.)

Rattengift u.ä.:

Hier sind einige verschiedene Gifte auf dem Markt. Schauen Sie auf der Packung nach, um die genaue chemikalische Bezeichnung des Gifts zu ermitteln. Die Katze vergiftet sich normalerweise dadurch, daß sie ein vergiftetes Nagetier frißt.

Halten Sie nach folgenden Symptomen Ausschau:

- Erbrechen
- Lethargie
- Anzeichen für innere Blutungen
- Helles Zahnfleisch und Anzeichen für Schock
- Prellungen auf der Haut

Leiten Sie
Erbrechen ein.

1. Wenn die Katze das vergiftete Nagetier gerade erst gefressen hat, leiten Sie Erbrechen ein, und verabreichen Sie ihr auf oralem Wege Aktivkohle.
2. Wenn die Katze Vergiftungserscheinungen zeigt,

halten Sie sie warm, behandeln Sie sie gegen Schock, und bringen Sie die Katze sowie eine Probe des Rattengiftes oder der Packung so bald wie möglich zum Tierarzt. (Als Gegenmaßnahme wird er Vitamin K injizieren.)

3. Eine Vergiftung durch Rattengift kann tödlich sein.

Strychnin:

Halten Sie nach folgenden Symptomen Ausschau:

- Die Katze wirkt besorgt.
- Ihr Körper ist verspannt und steif, und sie neigt zu Krämpfen.

Medizinische Kohle

Strychnin kann innerhalb einer Stunde zum Tode führen.

1. Leiten Sie das Erbrechen nur ein, wenn die Atmung noch regelmäßig ist, und verabreichen Sie Medizinische Kohle.
2. Suchen Sie SOFORT einen Tierarzt auf.

Natriumfluoracetat:

Halten sie nach folgenden Symptomen Ausschau:

- Anfängliche Erregung, gefolgt von Abgeschlagenheit
- Krämpfe
- Erbrechen
- Urinieren und wiederholte Darmkontraktionen

1. Leiten Sie Erbrechen ein, und verabreichen Sie auf oralem Wege Medizinische Kohle.
2. Halten Sie die Katze warm.

3. Suchen Sie sofort einen Tierarzt auf.

Schneckengift – Metaldehyd:

Vorsätzliches
Vergiften.

Zeitweise werden Katzen vorsätzlich mit Fleisch vergiftet, das man mit Metaldehyd versetzt hat. Unter normalen Umständen ist es unwahrscheinlich, daß sie von selbst Schneckengift fressen.

Halten Sie nach folgenden Symptomen Ausschau:

- Zittern
- Vermehrter Speichelfluß
- Krämpfe
- Koma

1. Wenn das Gift gerade erst geschluckt wurde, verabreichen Sie ein Brechmittel (ein gestrichener Teelöffel Salz).
2. Suchen Sie so bald wie möglich einen Tierarzt auf. (Er wird die Katze möglicherweise für längere Zeit narkotisieren.)

Frostschutzmittel – Ethylenglykol:

Vorsicht, tödlich!

Manche Katzen lieben den Geschmack von Frostschutzmitteln, die aus undichten Stellen im Kühler tropfen. Neuere Typen von Frostschutzmitteln sind nicht giftig. Eine Vergiftung durch Ethylenglykol kann jedoch tödlich sein.

Halten Sie nach folgenden Symptomen Ausschau:

- Taumeln
- Krämpfe

- Erbrechen
- Kollaps
- Koma

1. Wenn das Frostschutzmittel vor kurzem einge-
nommen wurde, verabreichen Sie auf oralem Wege Medizinische Kohle.
2. Tierärztliche Hilfe ist jetzt dringend notwendig.
3. Wenn der Weg zum Tierarzt weit ist, verabreichen Sie auf oralem Wege kleine Mengen Alkohol.
(Er reduziert den Schaden, den das Ethylenglykol
den Nieren zufügt.)

Aspirin:

Vergiftungen durch Aspirin treten meist deshalb auf,
weil der Katze Aspirin als Schmerzmittel verabreicht wurde. Geben Sie Ihrer Katze niemals Aspirin. Es dauert fast vier Tage, bis der Körper das Medikament ausgeschieden hat. Selbst bei kleinen
Dosierungen ist eine Überdosierung wahrscheinlich.

Geben Sie Ihrer
Katze niemals
Aspirin!

Halten Sie nach folgenden Symptomen Ausschau:

- Appetitmangel
- Abgeschlagenheit
- Bauchkrämpfe
- Erbrechen, wahlweise mit oder ohne Blut
- Unkoordinierte Bewegungen

1. Geben Sie als Brechmittel ein Stückchen Kernseife. (Diese Substanz wirkt auch der Vergiftung
durch das Aspirin entgegen.)
2. Verabreichen Sie keine andere Medizin.

Kernseife als
Brechmittel.

3. Rufen Sie Ihren Tierarzt an, und fragen Sie ihn um
   Rat.

Drogen:

Entweder finden Katzen Drogen wie Haschisch
oder Ecstasy durch Zufall, oder sie bekommen sie
verabreicht.

Halten Sie nach folgenden Symptomen Ausschau:

■ Unkoordinierte Bewegungen
■ Erregung
■ Angstbeißen
■ Geweitete Pupillen

1. Vermeiden Sie unnötige Sinnesreizungen durch
   Licht oder Geräusche.
2. Suchen Sie sofort einen Tierarzt auf.

*Beruhigungsmittel, Antidepressiva und angsthemmende
Mittel:*

Vorsicht, tödlich! Diese verschreibungspflichtigen Medikamente werden Katzen manchmal absichtlich verabreicht, kön-
nen aber Vergiftungserscheinungen hervorrufen.
Medikamente, die zu den trizyklischen Antidepressiva gehören, können bei Katzen tödliche
Herzrhythmusstörungen hervorrufen.

Halten Sie nach folgenden Symptomen Ausschau:

■ Depressionen
■ Taumeln
■ Ruhelosigkeit oder Erregung

- Unregelmäßiger Herzschlag
- Tiefschlaf oder Koma

1. Wenn die Tabletten gerade erst verabreicht wurden, leiten Sie Erbrechen ein, indem Sie ein Stückchen Kernseife oder einen gestrichenen Teelöffel Salz verabreichen. Danach geben Sie ihr Medizinische Kohle.

   Halten Sie die Katze warm.

2. Halten Sie die Katze warm. Reden Sie ständig auf sie ein.
3. Leisten Sie Erste Hilfe, wenn die Katze ins Koma fällt.
4. Rufen Sie Ihren Tierarzt an, und fragen Sie ihn um Rat.

Verhindern Sie Vergiftungen:

- Geben Sie Ihrer Katze keine rezeptpflichtigen oder frei verkäuflichen Medikamente, die für Menschen bestimmt sind, ohne vorher den Rat Ihres Tierarztes einzuholen.

   Präventionsmaß-nahmen

- Verschließen Sie sämtliche Chemikalien für Haus und Garten außerhalb der Reichweite Ihrer Katze.
- Verschließen Sie sämtliche Insektenvernichtungsmittel und mineralölhaltige Produkte außerhalb der Reichweite Ihrer Katze.
- Wenn Sie Pflanzengifte oder solche gegen Insekten und Nagetiere einsetzen, sorgen Sie dafür, daß Ihre Katze und andere Haustiere nicht an die Stellen gelangen können, wo das Gift ausgelegt wurde. Folgen Sie den Instruktionen auf der Verpackung.
- Wenn Sie Insektizide (zum Beispiel Flohvernichtungsmittel) direkt bei der Katze anwenden, fol-

gen Sie strikt den Anweisungen auf der Packung.
Verhindern Sie, daß die Katze sie von ihrem Fell
leckt.

■ Sorgen Sie dafür, daß sämtliche Medikamente –
die für Menschen und die für Tiere – in den ur-
sprünglichen Behältnissen verbleiben und kor-
rekt beschriftet sind. Notieren Sie sich die Anzahl
der Tabletten, die ursprünglich verschrieben
wurden. Diese Information kann im Falle einer
irrtümlichen Überdosierung sehr wertvoll sein.

Giftige Pflanzen

Risikominderung

Mindern Sie das Risiko einer zufälligen Vergiftung.
Verhindern Sie, daß die Katze spielerisch auf den
folgenden Pflanzen, Blumen und Pilzen herumkaut
oder sie frißt:

■ Amaryllis (Amaryllis)
■ Herbstkrokus (Colochicum autumnale)
■ Flammendes Herz (Dicentra spectabilis)
■ Kanadisches Blutkraut (Sanguinaria canadensis)
■ Rizinusölpflanze (Ricinus communis): sehr gefähr-
lich
■ Giftige Dieffenbachie (Dieffenbachia): sehr ge-
fährlich
■ Blumenzwiebeln aller Art
■ Fingerhut (Digitalis purpurea)
■ Rittersporn (Delphinium)
■ Maiglöckchen (Convallaria majalis)
■ Mistel (Viscum album): sehr giftig
■ Pilze – alle wilden Pilze, die Sie nicht mit Sicher-
heit identifizieren können
■ Rhabarber (Rheum rhaponticum)
■ Brennessel (Urtica dioica)

- Gewöhnlicher Stechapfel (Datura stramonium): sehr gefährlich
- Wilder Wein (Parthenocissus quinquefolia)

Lassen Sie nicht zu, daß Ihre Katze auf Blättern, Holz oder Zweigen eines der folgenden Bäume oder Sträucher herumkaut:

- Azalee
- Buchsbaum
- Kirschlorbeer: sehr gefährlich
- Zedrachbaum
- Schierling: sehr gefährlich
- Roßkastanie
- Wilder Wein/Jungfernrebe (Blätter und Beeren): sehr gefährlich
- Goldregen
- Oleander: sehr gefährlich
- Liguster
- Rhododendron
- Glyzinie
- Eibe: sehr gefährlich

Gift – Hautkontakt

Farbe, Lösemittel, Teer, Petroleum, Motoröl und viele andere Chemikalien können Hautreizungen und Verätzungen hervorrufen. Wenn die Katze an diesen Substanzen leckt, kann die Mundhöhle verätzt werden. Wenn sie sie schluckt, kann die Folge eine allgemeine Vergiftung sein. Katzen streunen durch die Gegend, weshalb die Möglichkeit besteht, daß der ganze Körper von Giften oder zersetzenden Sub-

Vorsicht, Verätzungen!

stanzen befallen wird, zum Beispiel wenn sie in einen Eimer mit Farblösemittel fallen.

Überprüfen Sie, ob die Katze einen Schock erlitten hat: Blasses oder weißes Zahnfleisch, erhöhte Atemfrequenz, schwacher und schneller Puls, kalte Extremitäten, allgemeine Schwäche.

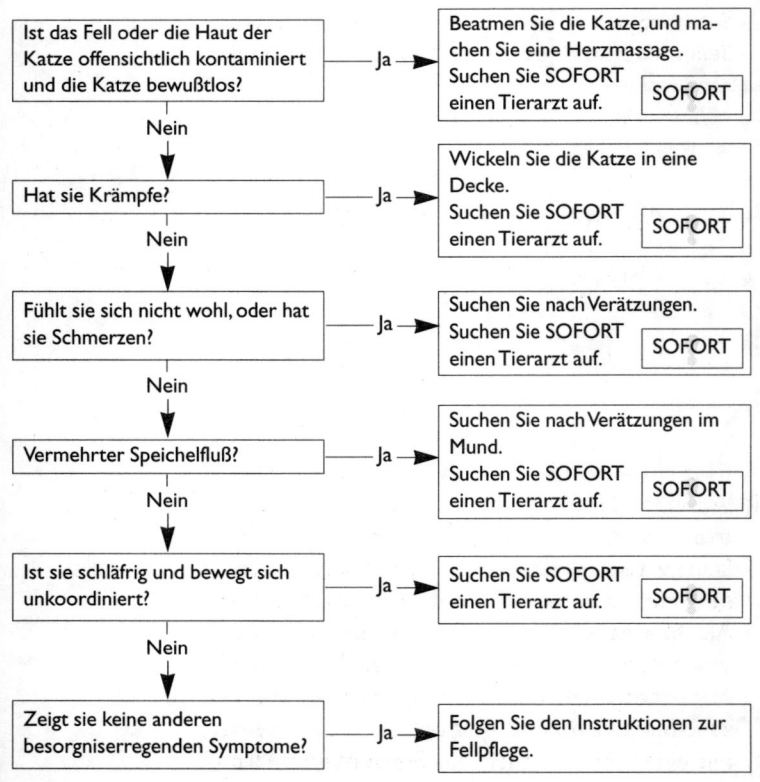

Ist das Fell oder die Haut der Katze offensichtlich kontaminiert und die Katze bewußtlos? — Ja → Beatmen Sie die Katze, und machen Sie eine Herzmassage. Suchen Sie SOFORT einen Tierarzt auf. | SOFORT

Nein ↓

Hat sie Krämpfe? — Ja → Wickeln Sie die Katze in eine Decke. Suchen Sie SOFORT einen Tierarzt auf. | SOFORT

Nein ↓

Fühlt sie sich nicht wohl, oder hat sie Schmerzen? — Ja → Suchen Sie nach Verätzungen. Suchen Sie SOFORT einen Tierarzt auf. | SOFORT

Nein ↓

Vermehrter Speichelfluß? — Ja → Suchen Sie nach Verätzungen im Mund. Suchen Sie SOFORT einen Tierarzt auf. | SOFORT

Nein ↓

Ist sie schläfrig und bewegt sich unkoordiniert? — Ja → Suchen Sie SOFORT einen Tierarzt auf. | SOFORT

Nein ↓

Zeigt sie keine anderen besorgniserregenden Symptome? — Ja → Folgen Sie den Instruktionen zur Fellpflege.

Wenn das Katzenfell mit Farbe, Teer oder Motoröl in Berührung gekommen ist:

Benutzen Sie kein Farblösemittel, keinen Pinselreiniger, keinen Farbverdünner, kein Terpentin, keinen Terpentinersatz und kein Petroleum. Benutzen Sie auch keine biologischen Waschlotionen.

1. Tragen Sie Gummihandschuhe, und reiben Sie große Mengen Pflanzenöl auf die befallene Zone, um die Substanz vom Fell zu lösen. (Wenn die Substanz sich verhärtet hat, schneiden Sie das Fell lieber ab, statt es aufzuweichen und zu säubern.)

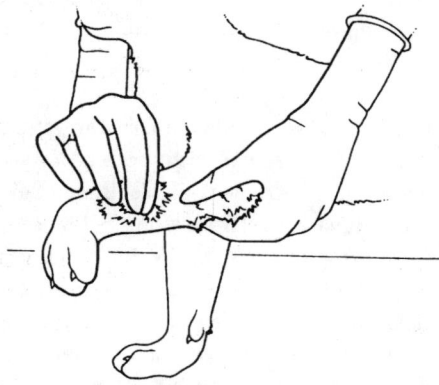

Das Pflanzenöl wird großzügig in das kontaminierte Fell gerieben. Es vermischt sich mit der Farbe, dem Teer oder dem Öl, so daß man es entfernen kann.

2. Wenn die Substanz gelöst ist, baden Sie die betroffenen Körperregionen in reichlich warmem Seifenwasser. Spülmittel und Babyshampoos sind sanft zur Haut und rufen keine Reizungen hervor. Als Alternative können Sie apothekenpflichtige Waschstücke benutzen, die keine Hautirritationen hervorrufen. Wenn nur eine kleine Stelle wie zum Beispiel ein Fuß befallen ist, reiben Sie ihn mit einem Frottiertuch, das Sie vorher in Pflan-

zenöl getaucht haben, ab. Wiederholen Sie das so
häufig wie nötig mit einem frischen Handtuch, bis
der Fuß sauber ist.

3. Spülen Sie den Fuß gut ab, und wiederholen Sie
   die Aktion so häufig wie nötig, bis die Substanz
   vollkommen entfernt ist.

4. Bei größeren Flächen reiben Sie Mehl oder Stär-
   ke zusammen mit dem Pflanzenöl ins Fell. Diese
   Mischung hilft dabei, das Gift aufzusaugen. Entfernen Sie die Mischung mit einem grobzinkigen
   Kamm, dann baden Sie das Fell mit Waschlotion,
   und spülen Sie es gründlich aus.

*Wenn das Fell der Katze mit etwas anderem als Farbe,
Teer, Petroleum oder Motoröl in Berührung gekommen
ist:*

Spülen Sie das Fell
gründlich.

1. Spülen Sie das kontaminierte Fell wenigstens fünf
   Minuten lang mit reichlich sauberem Wasser.

2. Wenn der ganze Körper mit alkalischen Substanzen wie Ätzlauge in Berührung gekommen ist,
   spülen Sie mindestens eine Viertelstunde. Konzentrieren Sie sich dabei auf die Augen. Sorgen
   Sie dafür, daß die Achselhöhlen und die Leisten
   ebensoviel Wasser abbekommen wie die anderen Körperteile. (siehe auch Kapitel über Augenverletzungen).

3. Ziehen Sie Gummihandschuhe an, und waschen
   Sie die befallenen Körperregionen mit warmem,
   seifenhaltigem Wasser, wobei Sie eine milde Seife
   wie Babyshampoo oder Spülmittel benutzen
   können.

Gleichgewichtsstörungen

Plötzliche Gleichgewichtsstörungen können im Frühstadium einer Gehirnerschütterung, bei einem durch Diabetes bedingten Notfall, bei einem Schock oder einer Gehörgangentzündung auftreten, ebenso auch bei einer spontanen Störung derjenigen Hirnregion, die für den Gleichgewichtssinn zuständig ist (Vestibularisschädigung).

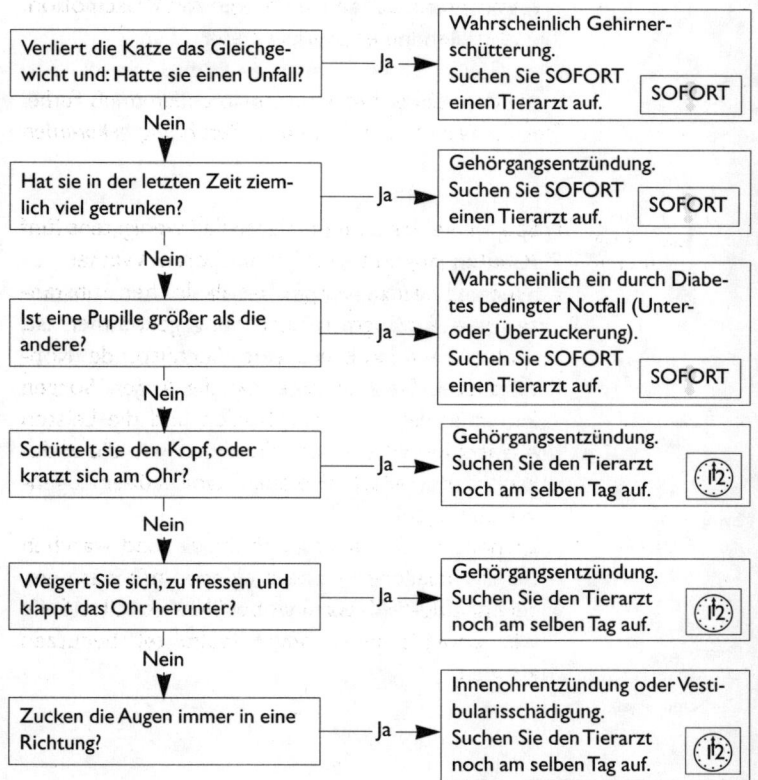

Verliert die Katze das Gleichgewicht und: Hatte sie einen Unfall? — Ja → Wahrscheinlich Gehirnerschütterung. Suchen Sie SOFORT einen Tierarzt auf. SOFORT

Nein ↓

Hat sie in der letzten Zeit ziemlich viel getrunken? — Ja → Gehörgangentzündung. Suchen Sie SOFORT einen Tierarzt auf. SOFORT

Nein ↓

Ist eine Pupille größer als die andere? — Ja → Wahrscheinlich ein durch Diabetes bedingter Notfall (Unter- oder Überzuckerung). Suchen Sie SOFORT einen Tierarzt auf. SOFORT

Nein ↓

Schüttelt sie den Kopf, oder kratzt sich am Ohr? — Ja → Gehörgangentzündung. Suchen Sie den Tierarzt noch am selben Tag auf.

Nein ↓

Weigert Sie sich, zu fressen und klappt das Ohr herunter? — Ja → Gehörgangentzündung. Suchen Sie den Tierarzt noch am selben Tag auf.

Nein ↓

Zucken die Augen immer in eine Richtung? — Ja → Innenohrentzündung oder Vestibularisschädigung. Suchen Sie den Tierarzt noch am selben Tag auf.

Suchen Sie den
Tierarzt auf.

1. Verhindern Sie, daß die Katze fällt oder sich selbst verletzt. Vermeiden Sie zu helles Licht.
2. Suchen Sie nach Kopfverletzungen, die auf einen Sturz oder Aufprall hindeuten. Suchen Sie sofort einen Tierarzt auf, wenn sie Anzeichen für eine Verletzung oder für einen Schock entdecken. Transportieren Sie die Katze in einer dunklen, verschlossenen Kiste.
3. Untersuchen Sie die Ohren auf Entzündungen, Sekretabsonderungen oder Ohrenschmalz – alles Zeichen für eine Infektion des Außenohres, die ins Innenohr weiterwandern kann und dort zu Gleichgewichtsstörungen führen kann. Suchen Sie den Tierarzt noch am selben Tag auf.

Herzversagen

Plötzliches Herzversagen kommt bei Katzen nur sehr selten vor, allerdings häufiger, als ursprünglich einmal angenommen. In den meisten Fällen ist das Herzversagen die Folge einer anderen größeren Krise. Diese Krise muß überwunden sein, wenn die Katze überleben soll.

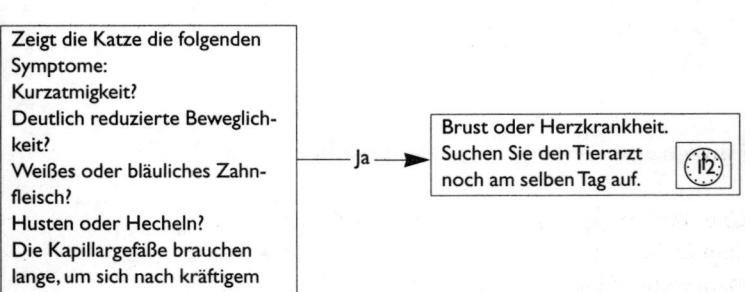

Zeigt die Katze die folgenden Symptome:
Kurzatmigkeit?
Deutlich reduzierte Beweglichkeit?
Weißes oder bläuliches Zahnfleisch?
Husten oder Hecheln?
Die Kapillargefäße brauchen lange, um sich nach kräftigem

— Ja ➞ Brust oder Herzkrankheit. Suchen Sie den Tierarzt noch am selben Tag auf.

Fortsetzung

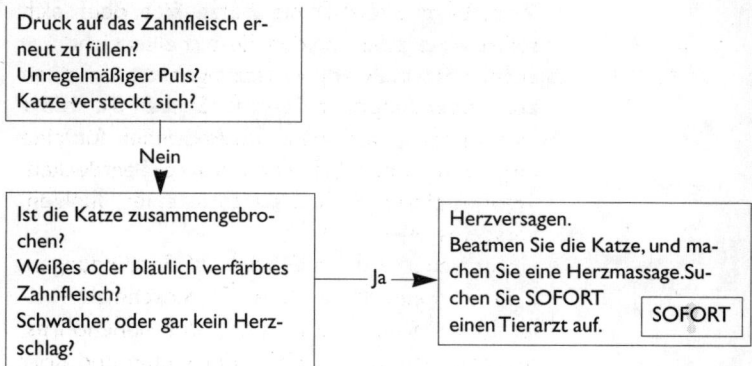

Druck auf das Zahnfleisch er-
neut zu füllen?
Unregelmäßiger Puls?
Katze versteckt sich?

Nein

Ist die Katze zusammengebro-
chen?
Weißes oder bläulich verfärbtes
Zahnfleisch?
Schwacher oder gar kein Herz-
schlag?

Ja

Herzversagen.
Beatmen Sie die Katze, und machen Sie eine Herzmassage. Suchen Sie SOFORT
einen Tierarzt auf.   SOFORT

Bei Herzversagen:

1. Ertasten Sie den Herzschlag oder den Puls. Drücken Sie auf das Zahnfleisch, und überprüfen Sie, ob die Blutgefäße am Druckpunkt sich sofort wieder füllen, wenn Sie den Finger zurückziehen.

   Herzmassage und Beatmung.

2. Wenn das der Fall ist, schlägt das Herz immer noch. Wenn nötig, beatmen Sie die Katze, und suchen Sie sofort einen Tierarzt auf.
3. Wenn das Herz nicht schlägt, beginnen Sie mit Herzmassage und Beatmung. Suchen Sie anschließend sofort einen Tierarzt auf (siehe hierzu die Kapitel über *Künstliche Beatmung* und *Herzmassage*).

Hinken und Bewegungsschwierigkeiten

Eine *Verrenkung* liegt vor, wenn der Knochen aus dem Gelenk springt. Von einer *Verstauchung* spricht man, wenn Bänder, Sehnen und die dazugehörigen Blutgefäße gezerrt oder teilweise zerrissen sind.

Wenn die Muskeln an den Gelenken überdehnt oder gerissen sind, spricht man von einer *Zerrung*, die bei Katzen allerdings recht selten auftritt. All diese Verletzungen führen dazu, daß die Katze Schwierigkeiten hat, sich zu bewegen und hinkt. Die häufigste Ursache hierfür ist ein Aufprall.

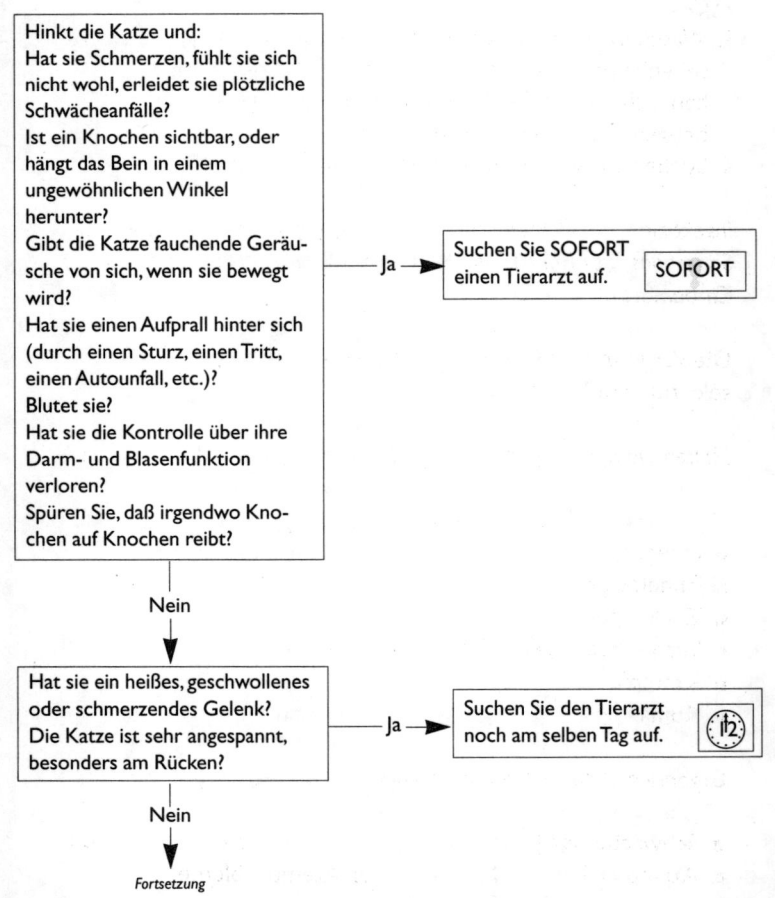

Hinkt die Katze und:
Hat sie Schmerzen, fühlt sie sich nicht wohl, erleidet sie plötzliche Schwächeanfälle?
Ist ein Knochen sichtbar, oder hängt das Bein in einem ungewöhnlichen Winkel herunter?
Gibt die Katze fauchende Geräusche von sich, wenn sie bewegt wird?
Hat sie einen Aufprall hinter sich (durch einen Sturz, einen Tritt, einen Autounfall, etc.)?
Blutet sie?
Hat sie die Kontrolle über ihre Darm- und Blasenfunktion verloren?
Spüren Sie, daß irgendwo Knochen auf Knochen reibt?

— Ja ➤ Suchen Sie SOFORT einen Tierarzt auf.   SOFORT

Nein

Hat sie ein heißes, geschwollenes oder schmerzendes Gelenk?
Die Katze ist sehr angespannt, besonders am Rücken?

— Ja ➤ Suchen Sie den Tierarzt noch am selben Tag auf.

Nein

Fortsetzung

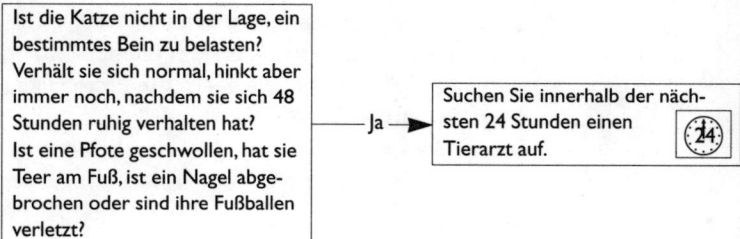

Ist die Katze nicht in der Lage, ein bestimmtes Bein zu belasten? Verhält sie sich normal, hinkt aber immer noch, nachdem sie sich 48 Stunden ruhig verhalten hat? Ist eine Pfote geschwollen, hat sie Teer am Fuß, ist ein Nagel abgebrochen oder sind ihre Fußballen verletzt?

— Ja ➞ Suchen Sie innerhalb der nächsten 24 Stunden einen Tierarzt auf.

Überprüfen Sie, ob die Katze einen Schock erlitten hat: Blasses oder weißes Zahnfleisch, erhöhte Atemfrequenz, schwacher und schneller Puls, kalte Extremitäten, allgemeine Schwäche.

1. Wenn nötig, halten Sie die Katze fest, und sorgen Sie dafür, daß sie sich auch weiterhin so wenig wie möglich bewegt.

Halten Sie die Katze ruhig.

2. Wenn keine offensichtlichen Frakturen vorliegen, und die Katze gehen kann, sollten Sie auf keinen Fall versuchen, das Bein zu schienen.

3. Wenn sie starke Schmerzen hat oder das Bein geschwollen ist, legen Sie die Katze in ihren Transportkorb, und suchen Sie sofort einen Tierarzt auf.

4. Wenn die Katze Rückenbeschwerden hat, unterstützen Sie den Rücken. Halten Sie ihn gerade, indem sie das Gewicht vor den Schultern und hinter den Hüften unterstützen.

5. Wenn unmittelbare tierärztliche Hilfe nicht notwendig ist, legen Sie eine kalte Kompresse (eine Tüte mit gefrorenem Gemüse) auf das geschwollene Gelenk. (Wenn die Schwellung über vierundzwanzig Stunden alt ist, legen Sie eine warme Kompresse darauf.)

6. Untersuchen Sie den betroffenen Körperteil gründlich, um die Ursache für das Humpeln herauszufinden. Geben Sie die geeignete Erste Hilfe, oder suchen Sie einen Tierarzt auf.
7. Sorgen Sie für absolute Ruhe – keine Bewegung. Lassen Sie die Katze nicht ins Freie, solange sie hinkt.

Durch das Humpeln unserer Katze wird uns keineswegs eindeutig signalisiert, was genau der Katze nun fehlt; es zeigt lediglich, *daß* etwas nicht in Ordnung ist, und daß der Schaden Schmerzen verursacht. Sorgen Sie dafür, daß die Katze sich *nach* dem Verschwinden der Symptome weitere vierundzwanzig Stunden ruhig hält.

Hitzschlag

Vorsicht, tödlich! Katzen befreien sich von überschüssiger Körperwärme, indem sie durch ihre Fußballen schwitzen und indem sie hecheln. Wenn die Temperatur ihrer Umgebung zu hoch ist, werden diese Methoden unwirksam. Die Körpertemperatur steigt dann rapide an. Wenn sie nicht schnellstens wieder reduziert wird, kann das den Tod der Katze zur Folge haben. So fühlen sich zum Beispiel Katzen vom warmen Inneren eines Wäschetrockners geradezu magisch angezogen. Sehen Sie immer deshalb in Ihrem Trockner nach, bevor Sie die Tür schließen und ihn einschalten. Wenn Ihre Katze darin eingeschlossen wird, kann ein tödlicher Hitzschlag die Folge sein.

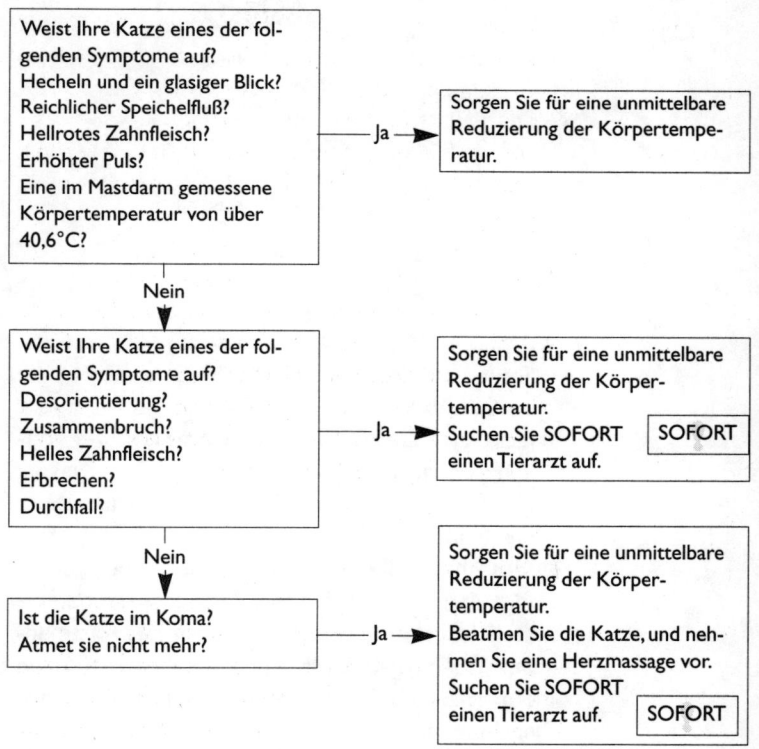

Weist Ihre Katze eines der folgenden Symptome auf?
Hecheln und ein glasiger Blick?
Reichlicher Speichelfluß?
Hellrotes Zahnfleisch?
Erhöhter Puls?
Eine im Mastdarm gemessene Körpertemperatur von über 40,6°C?

— Ja → Sorgen Sie für eine unmittelbare Reduzierung der Körpertemperatur.

Nein

Weist Ihre Katze eines der folgenden Symptome auf?
Desorientierung?
Zusammenbruch?
Helles Zahnfleisch?
Erbrechen?
Durchfall?

— Ja → Sorgen Sie für eine unmittelbare Reduzierung der Körpertemperatur.
Suchen Sie SOFORT einen Tierarzt auf.   SOFORT

Nein

Ist die Katze im Koma?
Atmet sie nicht mehr?

— Ja → Sorgen Sie für eine unmittelbare Reduzierung der Körpertemperatur.
Beatmen Sie die Katze, und nehmen Sie eine Herzmassage vor.
Suchen Sie SOFORT einen Tierarzt auf.   SOFORT

1. Holen Sie die Katze aus der Gefahrenzone.
2. Legen Sie sie in das Waschbecken oder die Badewanne. Duschen Sie sie – insbesondere am Kopf – und lassen Sie das Waschbecken oder die Wanne dabei vollaufen.
3. Sie können die Katze auch mit einem Gartenschlauch abspritzen oder sie in einen kleinen Teich setzen. (Achten Sie darauf, daß der Kopf der Katze immer über dem Wasser bleibt. Sorgen Sie dafür, daß kein Wasser in Nase oder Maul gerät.)
4. Legen Sie der Katze eine Tüte mit gefrorenen

Der Kopf der Katze bleibt immer über Wasser.

Erbsen auf den Kopf, um die Hitze im Gehirn zu reduzieren.

5. Lassen Sie die Katze so viel warmes Wasser trinken, wie sie will. (Eine Prise Salz im Trinkwasser gleicht den Salzverlust durch das Schwitzen und Hecheln aus.)

6. Messen Sie alle fünf Minuten die Temperatur im Mastdarm. Fahren Sie mit der Kaltwassertherapie fort, bis die Körpertemperatur der Katze unter 39,4°C gefallen ist. (Machen Sie sich keine Sorgen, wenn die Temperatur unter 37,8°C oder sogar noch etwas darunter fällt. Eine niedrigere Körpertemperatur ist weniger gefährlich als eine extrem hohe.)

7. Überprüfen Sie, ob Ihre Katze einen Schock erlitten hat, und behandeln Sie sie entsprechend. In einem solchen Fall suchen Sie bitte gleich darauf den Tierarzt auf. (Das Gehirn kann anschwellen und dadurch weitere ernste Probleme verursachen.)

8. Massieren Sie die Beine kräftig. (Das fördert die Blutzirkulation und mindert das Schockrisiko.)

Verabreichen Sie der Katze auf keinen Fall Aspirin. Dieses Mittel ist für Katzen immer gefährlich und unter den

gegebenen Umständen sogar noch mehr.
Beugen Sie einem Hitzschlag vor:

- Sorgen Sie immer für eine gute Frischluftzufuhr, dafür, daß sie in den Schatten kann und genug zu trinken hat.
- Lassen Sie Ihre Katze niemals an einem warmen Tag im Auto.
- Auch im Winter sollten Sie Ihre Katze niemals in einem in praller Sonne stehenden Wagen lassen, in dem Sie die Heizung angeschaltet haben.
- Sorgen Sie bei warmem Wetter dafür, daß insbesondere flachgesichtige Rassen wie Perserkatzen sowie alte und dicke Katzen Zugang zu kühlen Räumen und viel Wasser haben.

Husten

Husten ist ein Abwehrmechanismus des Körpers, mit dem dieser die Atemwege befreit. Er kann außerdem durch Allergien und Umweltverschmutzung, aber auch durch Infektionen, Würmer, Herzkrankheiten, Erkrankungen der Brust oder durch Wasser in der Lunge hervorgerufen werden. Manche Ursachen für Husten können zu Hause behandelt werden. Andere bedürfen der Behandlung durch den Tierarzt.

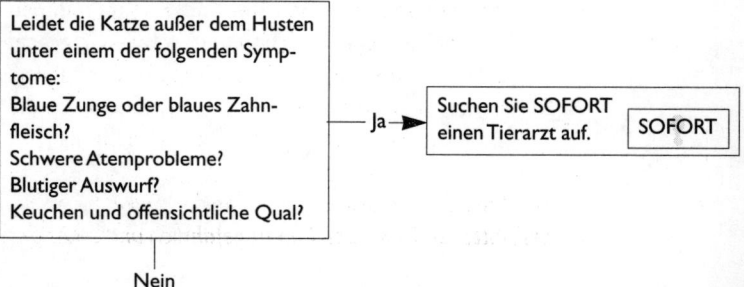

Leidet die Katze außer dem Husten unter einem der folgenden Symptome:
Blaue Zunge oder blaues Zahnfleisch?
Schwere Atemprobleme?
Blutiger Auswurf?
Keuchen und offensichtliche Qual?

— Ja ➤ Suchen Sie SOFORT einen Tierarzt auf. [SOFORT]

Nein
▼

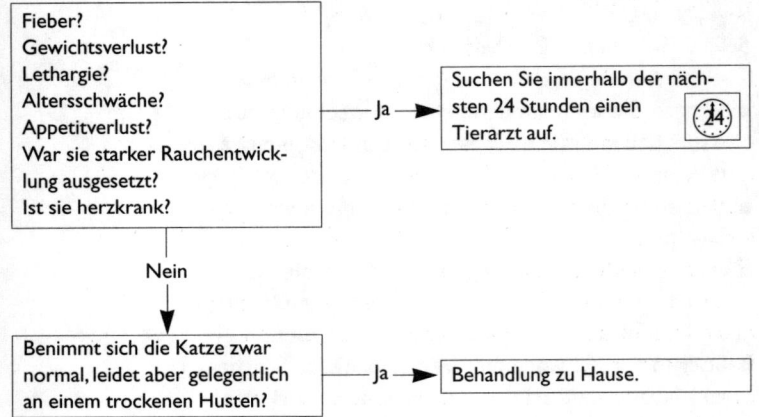

Behandlung geringfügigen Hustens:

Schleimlösender
Hustensirup

1. Verabreichen Sie der Katze einen nicht rezeptpflichtigen Hustensirup, der ein schleimlösendes
Mittel enthält. (Verabreichen Sie keinen Hustensirup, der Husten unterdrückt.)
2. Drehen Sie im Badezimmer die heiße Dusche an,
so daß der Raum voller Dampf ist. Wenn die Katze sich nicht unwohl dabei fühlt, lassen Sie sie
fünfzehn Minuten lang in dem mit Dampf gefüll-
ten Bad.
3. Wenn der Husten sich auch am dritten Tag noch
nicht gebessert hat, und die Katze einen unpäßli-
chen Eindruck macht, fragen Sie Ihren Tierarzt
um Rat.

Knochenbrüche

Knochenbrüche werden häufig durch Verkehrsun-
fälle oder Stürze hervorgerufen. Wenn der gebrochene Knochen die Haut durchstößt, liegt ein *offener Bruch* vor, der sich leicht infizieren kann.
Geschlossene Brüche, bei denen der Bruch nicht zu
sehen ist und Verrenkungen, bei denen der Knochen aus dem Gelenk springt, sind für die Katze
ebenso schmerzhaft und gefährlich, sind aber
manchmal nicht ganz so offensichtlich zu erkennen.
Bei einem geschlossenen Bruch sollten Sie Ihr
ganzes Augenmerk darauf richten, daß er sich nicht
in einen offenen verwandelt.

Offene und
geschlossene
Brüche

Muskelzerrungen, Bänder- und Sehnenrisse können
ähnliche Symptome hervorrufen wie Knochenbrüche. Wie die Erste-Hilfe-Maßnahmen bei diesen
Beschwerden aussehen, können Sie im Kapitel *Hinken* nachlesen.

*Überprüfen Sie, ob die Katze einen Schock erlitten hat:
Blasses oder weißes Zahnfleisch, erhöhte Atemfrequenz, schwacher und schneller Puls, kalte Extremitäten, allgemeine Schwäche.*

*Bei allen Frakturen sollten Sie die Katze stützen, um
ihr die Schmerzen zu lindern und das Risiko, sich
während des Transportes weitere Verletzungen zuzu-
ziehen, zu mindern. Auf keinen Fall sollten Sie Antiseptika oder irgendwelche Salben auf offene Frakturen
auftragen.*

Wirbelsäulenfrakturen

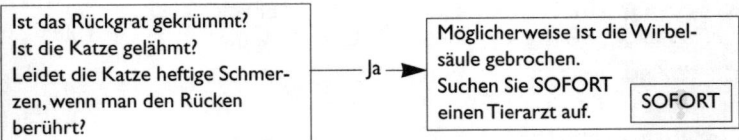

Ist das Rückgrat gekrümmt?
Ist die Katze gelähmt?
Leidet die Katze heftige Schmerzen, wenn man den Rücken berührt?

Ja →

Möglicherweise ist die Wirbelsäule gebrochen.
Suchen Sie SOFORT einen Tierarzt auf.

SOFORT

1. Wenn nötig, halten Sie das Tier fest, indem Sie ihm ein Handtuch um den Hals legen.
2. Achten Sie darauf, den Rücken der Katze nicht zu krümmen. Ziehen Sie sie vorsichtig auf ein flaches Brett, und binden Sie sie fest, wobei Sie darauf achten müssen, daß kein Druck auf den Nacken ausgeübt wird. (Hier empfehlen wir ein abnehmbares Regalbrett, aber überzeugen Sie sich vorher davon, daß es auch in Ihr Auto paßt.)

Eine Hand wird unter die Schultern gelegt und die andere unter den Hüftknochen. Schieben Sie nun die Katze auf eine feste Transportunterlage.

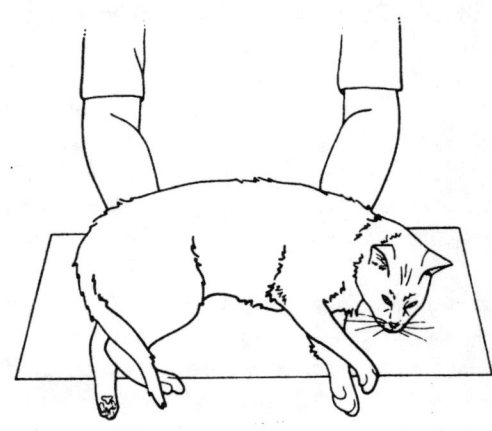

3. Bringen Sie die Katze sofort zum Tierarzt. *Versuchen Sie auf keinen Fall, ein gebrochenes Rückgrat zu schienen.*

Frakturen und Gliedmaßen

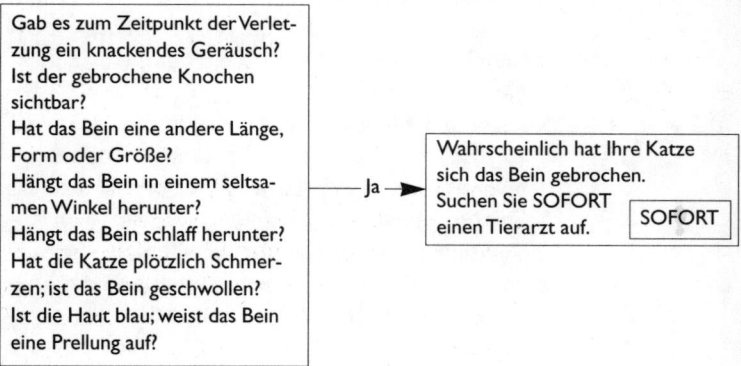

Gab es zum Zeitpunkt der Verletzung ein knackendes Geräusch?
Ist der gebrochene Knochen sichtbar?
Hat das Bein eine andere Länge, Form oder Größe?
Hängt das Bein in einem seltsamen Winkel herunter?
Hängt das Bein schlaff herunter?
Hat die Katze plötzlich Schmerzen; ist das Bein geschwollen?
Ist die Haut blau; weist das Bein eine Prellung auf?

—— Ja ——

Wahrscheinlich hat Ihre Katze sich das Bein gebrochen.
Suchen Sie SOFORT einen Tierarzt auf.   SOFORT

1. Halten Sie die Katze fest.
2. Schieben Sie vorsichtig ein Handtuch unter das Bein.

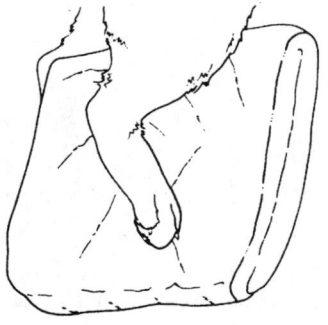

Ein zusammengefaltetes Handtuch, das man vorsichtig unter das gebrochene Bein schiebt, stützt die Katze beim Transport.

3. Wenn ein *offener* Bruch vorliegt, und der Knochen sichtbar ist, gießen (nicht reiben!) Sie dreiprozentiges Wasserstoffperoxyd auf die Wunde.

(Benutzen Sie keine Antiseptika bei offenen Wunden.)

4. Decken Sie den sichtbaren Knochen mit sauberer Gaze ab. (Benutzen Sie medizinische Verbände, ein sauberes Küchentuch oder ein Einmalhandtuch.)

5. Legen Sie einen Stützverband nur dann an, wenn es absolut notwendig ist. Sie können ihn mit Hilfe eines T-Shirts oder eines Strumpfes fertigen.

6. Stützen Sie das gebrochene Bein mit dem zusammengefalteten Handtuch, halten Sie die Katze warm, damit sie keinen Schock erleidet, und bringen Sie sie sofort zum Tierarzt.

Versuchen Sie auf keinen Fall, gebrochene Knochen wieder zu richten. Das gilt auch für Verrenkungen. Ein solcher Eingriff sollte unter Vollnarkose beim Tierarzt erfolgen.

Rippenbrüche

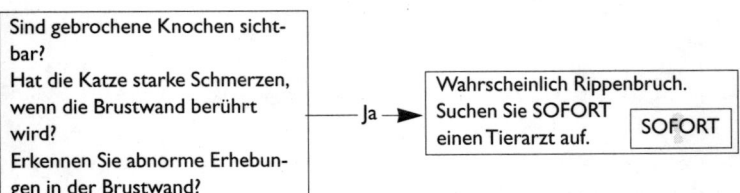

Sind gebrochene Knochen sichtbar?
Hat die Katze starke Schmerzen, wenn die Brustwand berührt wird?
Erkennen Sie abnorme Erhebungen in der Brustwand?

— Ja → Wahrscheinlich Rippenbruch. Suchen Sie SOFORT einen Tierarzt auf. | SOFORT

Ein saugendes Geräusch bedeutet, daß der Brustkasten durchstoßen wurde.

1. Wenn nötig, halten Sie die Katze fest.

2. Wenn sie offene Wunden hat, bedecken Sie sie mit sauberer Gaze.

3. Wickeln Sie ein in Streifen gerissenes Bettuch fest um die Brust, aber nicht so fest, daß das Atmen der Katze zusätzlich schwerfällt. Wenn Ihnen jemand hilft, bitten Sie diese Person, die Handfläche über die saugende Wunde zu halten, während Sie zum Tierarzt fahren. Manchmal trägt die körpereigene Fettschicht der Katze zur Versiegelung der Brustwunde bei. In einem solchen seltenen Fall geben Sie Vaseline auf ein Stück Stoff, und legen Sie es auf die Wunde, um das luftundurchlässige Siegel zu unterstützen.

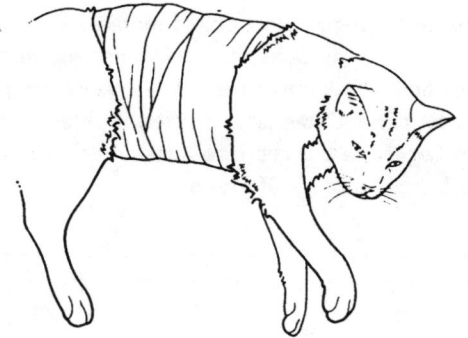

Ein Verband aus Gaze oder ein in Streifen gerissenes Bettuch wird um die Brust gewickelt, um der Katze Unterstützung zu bieten.

4. Wenn ein Teil der Brust sich leicht ausbeult, umwickeln Sie zunächst diesen Teil, wobei Sie genug Druck anwenden sollten, daß die Beule verschwindet. (Eine harte Erhebung ist meist das gebrochene Ende einer Rippe. Eine weiche Beule bedeutet, daß die Lunge wahrscheinlich punktiert ist, tief liegende Muskeln beschädigt wurden und daß die Luft zu entweichen versucht.)
5. Bringen Sie die Katze sofort zum Tierarzt. (Heben Sie die Katze nicht an der Brust hoch, und versuchen Sie auch nicht, sie dort zu stützen.)

Schwanzbrüche

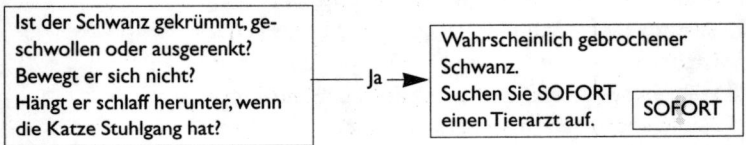

Ist der Schwanz gekrümmt, geschwollen oder ausgerenkt?
Bewegt er sich nicht?
Hängt er schlaff herunter, wenn die Katze Stuhlgang hat?

— Ja →

Wahrscheinlich gebrochener Schwanz.
Suchen Sie SOFORT einen Tierarzt auf. SOFORT

Kohlenmonoxydvergiftung

Eine Vergiftung durch Kohlenmonoxyd kann durch lecke Propangaskocher oder Heimgrillgeräte, die an ungelüfteten Orten stehen, entstehen. Auch ältere Autos ohne Katalysator setzen Kohlenmonoxyd frei. Legen Sie deshalb Ihre Katze niemals in ihrem Körbchen in den Kofferraum.

Bringen Sie sich bei dem Versuch, die Katze zu retten, auf keinen Fall selbst in Gefahr. Sorgen Sie zunächst für Frischluftzufuhr.

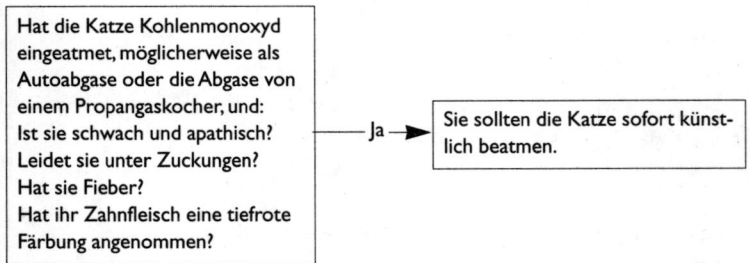

Hat die Katze Kohlenmonoxyd eingeatmet, möglicherweise als Autoabgase oder die Abgase von einem Propangaskocher, und:
Ist sie schwach und apathisch?
Leidet sie unter Zuckungen?
Hat sie Fieber?
Hat ihr Zahnfleisch eine tiefrote Färbung angenommen?

— Ja →

Sie sollten die Katze sofort künstlich beatmen.

Wenn die Atmung der Katze ausgesetzt hat:

1. Bringen Sie sie aus der Gefahrenzone.
2. Wenn nur die Atmung ausgesetzt hat, beatmen Sie sie.
3. Wenn Atmung und Herz ausgesetzt haben, leiten Sie Wiederbelebungsmaßnahmen ein.
4. Wenn die Atmung wieder einsetzt, rufen Sie Ihren Tierarzt an, und fragen Sie ihn um Rat.
5. Wenn möglich, machen Sie auf dem Weg zum Tierarzt mit den Wiederbelebungsmaßnahmen weiter.

Sofortige Wiederbelebungsmaßnahmen

Koma

Wenn eine Katze zu schlafen scheint, jedoch nicht auf Reize reagiert, dann liegt sie im Koma. Ins Koma fallen vor allem Katzen, die unter Diabetes leiden, aber auch solche, die extremen Temperaturen ausgesetzt waren, bestimmte Medikamente oder Gifte zu sich genommen haben, an heftigen Infektionen erkrankt sind oder einen Schock erlitten haben.

Katze reagiert nicht auf Reize.

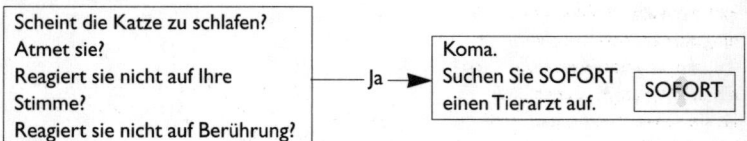

Scheint die Katze zu schlafen?
Atmet sie?
Reagiert sie nicht auf Ihre Stimme?
Reagiert sie nicht auf Berührung?

—Ja→

Koma.
Suchen Sie SOFORT einen Tierarzt auf.

SOFORT

1. Überzeugen Sie sich davon, daß die Atemwege nicht blockiert sind.
2. Beseitigen oder behandeln Sie den genauen Grund für das Koma, sofern er Ihnen bekannt ist.
3. Überprüfen Sie die Atmung und das Herz.

4. Wenn nötig, beatmen Sie die Katze und/oder führen Sie eine Herzmassage durch.
5. Suchen Sie SOFORT einen Tierarzt auf.

Krämpfe und Anfälle

Bei Krämpfen oder Anfällen verliert die Katze die Kontrolle über ihren Körper. Ein wiederholtes Auftreten von Anfällen bezeichnet man gemeinhin als Epilepsie. Obwohl etliche Gründe für Krämpfe bekannt sind – zum Beispiel ein zu niedriger Blutzuckerspiegel, eine Lebererkrankung, ein zu niedriger Kalziumspiegel im Blut, mangelnde Durchblutung, Virusinfektionen, bakterielle Infektionen, Vergiftungen, Narbengewebe im Gehirn und Hirntumoren – ist es in den meisten Fällen sehr schwer, die wahre Ursache herauszufinden.

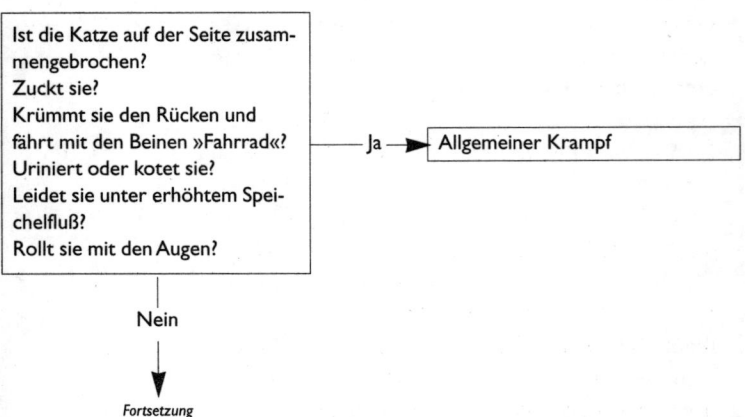

Ist die Katze auf der Seite zusammengebrochen?
Zuckt sie?
Krümmt sie den Rücken und fährt mit den Beinen »Fahrrad«? —— Ja ——▶ Allgemeiner Krampf
Uriniert oder kotet sie?
Leidet sie unter erhöhtem Speichelfluß?
Rollt sie mit den Augen?

Nein

Fortsetzung

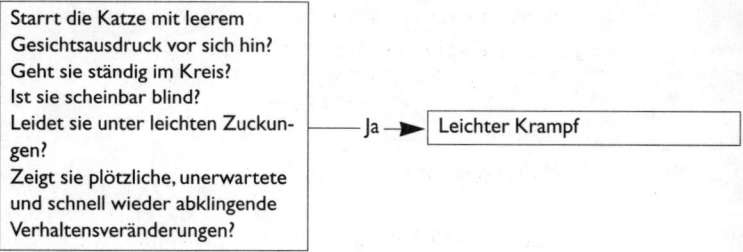

Starrt die Katze mit leerem Gesichtsausdruck vor sich hin? Geht sie ständig im Kreis? Ist sie scheinbar blind? Leidet sie unter leichten Zuckungen? Zeigt sie plötzliche, unerwartete und schnell wieder abklingende Verhaltensveränderungen? ──Ja──▶ Leichter Krampf

Wenn eine Katze einen Anfall hat, geraten Sie nicht in Panik. Die meisten Krämpfe dieser Art sind nicht lebensgefährlich. Meiden sollten Sie die Katze nur dann, wenn Sie sich in einem Tollwutgebiet aufhalten, und Sie nicht wissen, ob die Katze geimpft ist.

1. Katzen neigen nur in den seltensten Fällen dazu, an ihrer Zunge zu ersticken. Vermeiden Sie es, mit den Fingern in die Nähe des Katzenmaules zu geraten, wenn es nicht absolut notwendig ist.

2. Wenn Ihre Katze leichte Krämpfe hat, versuchen Sie, ihre Aufmerksamkeit auf sich zu lenken. Die Ablenkung kann verhindern, daß der Anfall stärkere Ausmaße erreicht.

> Verhindern Sie, daß die Katze sich verletzt.

3. Wenn sie jedoch einen heftigen Anfall hat, holen Sie Decken oder Kissen herbei.

4. Achten Sie darauf, daß es in der Nähe der Katze keine Gegenstände gibt, an denen sie sich verletzen könnte. Wickeln Sie die Katze in die Decke oder kleiden Sie die Umgebung mit Kissen aus, um sie vor Verletzungen zu schützen.

5. Wenn der Anfall innerhalb von vier Minuten vorübergeht, reduzieren Sie Außengeräusche und Licht, und sprechen Sie beruhigend und besänftigend auf die Katze ein. Halten Sie sie von anderen Katzen fern.

In der Umgebung
der Katze werden
Kissen aufgebaut,
um zu verhindern,
daß sie sich hin
und her rollt.

6. Wenn der Anfall länger als vier Minuten dauert, setzen Sie das Tier in einen abgedeckten Transportkorb, und bringen Sie es sofort zum Tierarzt.

7. Notieren Sie sich, zu welchem Zeitpunkt der Anfall auftrat und was die Katze getan hat, bevor die Krämpfe einsetzten. Das ist für die Diagnose hilfreich, falls weitere Anfälle auftreten sollen.

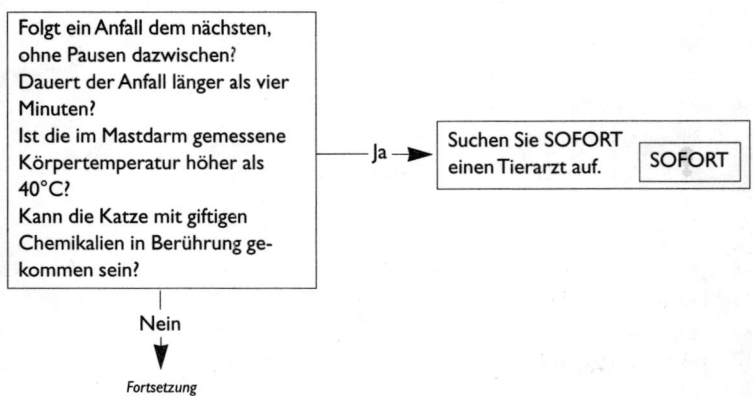

Folgt ein Anfall dem nächsten, ohne Pausen dazwischen?
Dauert der Anfall länger als vier Minuten?
Ist die im Mastdarm gemessene Körpertemperatur höher als 40°C?
Kann die Katze mit giftigen Chemikalien in Berührung gekommen sein?

— Ja —▶ Suchen Sie SOFORT einen Tierarzt auf. | SOFORT

Nein

Fortsetzung

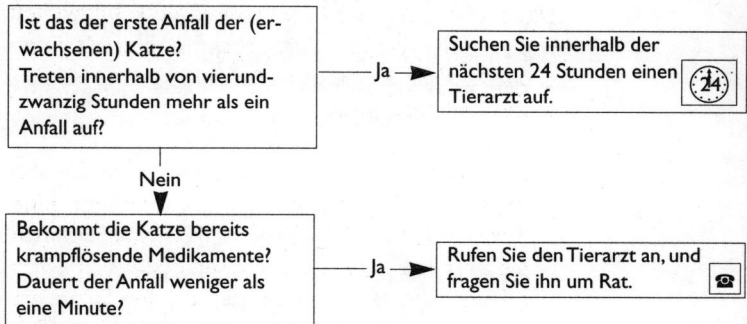

Ist das der erste Anfall der (erwachsenen) Katze?
Treten innerhalb von vierundzwanzig Stunden mehr als ein Anfall auf?

— Ja ➤ Suchen Sie innerhalb der nächsten 24 Stunden einen Tierarzt auf.

Nein ▼

Bekommt die Katze bereits krampflösende Medikamente?
Dauert der Anfall weniger als eine Minute?

— Ja ➤ Rufen Sie den Tierarzt an, und fragen Sie ihn um Rat.

Kratzen

Plötzliches, intensives Kratzen tritt hauptsächlich bei allergischen Reaktionen auf, und diese wiederum können häufig den gefährlichen anaphylaktischen Schock zur Folge haben. Unkontrolliertes Kratzen aus weniger ernsten Gründen kann jedoch auch schwere Verletzungen verursachen, die die Katze sich selbst zufügt.

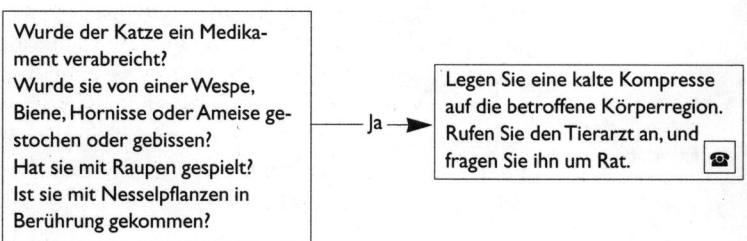

Wurde der Katze ein Medikament verabreicht?
Wurde sie von einer Wespe, Biene, Hornisse oder Ameise gestochen oder gebissen?
Hat sie mit Raupen gespielt?
Ist sie mit Nesselpflanzen in Berührung gekommen?

— Ja ➤ Legen Sie eine kalte Kompresse auf die betroffene Körperregion. Rufen Sie den Tierarzt an, und fragen Sie ihn um Rat.

1. Halten Sie die Katze fest.
2. Untersuchen Sie die Haut, und legen Sie auf die Körperpartien, die am meisten jucken, eine Viertelstunde lang kalte Kompressen.

Kalte Kompressen.

3. Versuchen Sie die Ursachen für das Jucken zu identifizieren und zu beseitigen.
4. Wenn das Jucken nicht aufhört oder gar schlimmer wird, vereinbaren Sie einen Termin bei Ihrem Tierarzt.

Wie vermeiden Sie derartige Probleme?

- Wenn möglich, versuchen Sie, Ihre Katze am Spiel mit Insekten, die zu Hautreizungen führen oder beißen können, zu hindern.
- Wenn Sie der Katze ein neues Flohhalsband anlegen, beobachten Sie während der ersten Tage sorgfältig, ob örtliche Hautreizungen auftreten.

Mundverletzungen

Eine Katze sollte nicht sabbern, das Futter nicht verweigern, wenn sie hungrig ist, sollte kauen, Wasser schlecken und normal schlucken und keine Schmerzen leiden, wenn man ihren Kiefer öffnet oder ihr Maul berührt.
Der Mundgeruch sollte nicht abstoßend sein.

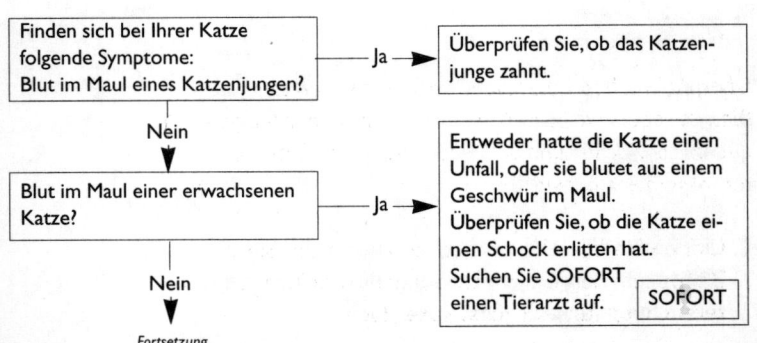

Fortsetzung

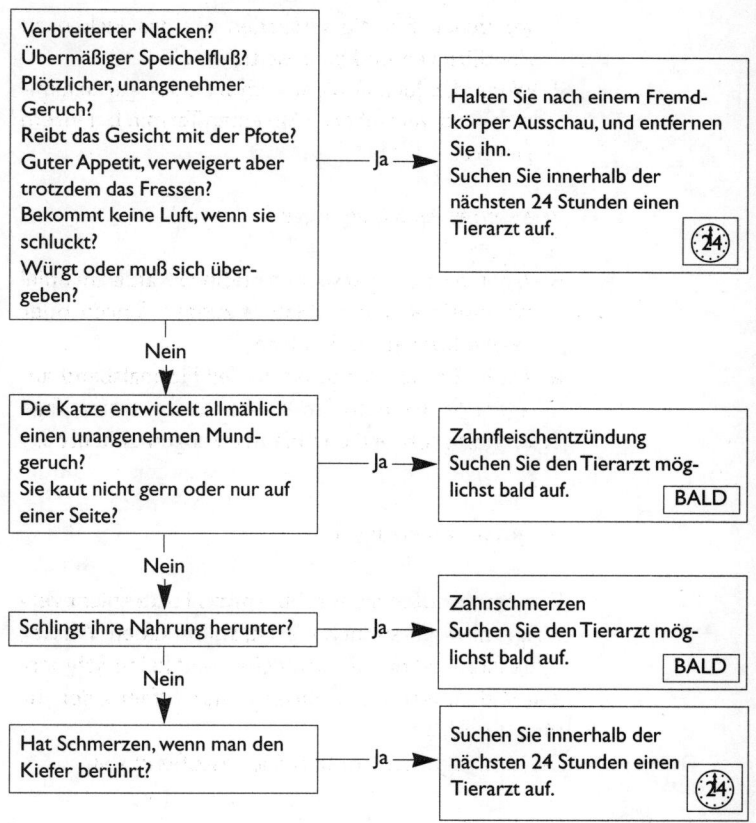

Verbreiterter Nacken?
Übermäßiger Speichelfluß?
Plötzlicher, unangenehmer
Geruch?
Reibt das Gesicht mit der Pfote?
Guter Appetit, verweigert aber
trotzdem das Fressen?
Bekommt keine Luft, wenn sie
schluckt?
Würgt oder muß sich über-
geben?

→ Ja →

Halten Sie nach einem Fremd-
körper Ausschau, und entfernen
Sie ihn.
Suchen Sie innerhalb der
nächsten 24 Stunden einen
Tierarzt auf.

Nein
↓

Die Katze entwickelt allmählich
einen unangenehmen Mund-
geruch?
Sie kaut nicht gern oder nur auf
einer Seite?

→ Ja →

Zahnfleischentzündung
Suchen Sie den Tierarzt mög-
lichst bald auf.
BALD

Nein
↓

Schlingt ihre Nahrung herunter?

→ Ja →

Zahnschmerzen
Suchen Sie den Tierarzt mög-
lichst bald auf.
BALD

Nein
↓

Hat Schmerzen, wenn man den
Kiefer berührt?

→ Ja →

Suchen Sie innerhalb der
nächsten 24 Stunden einen
Tierarzt auf.

*Überprüfen Sie, ob die Katze einen Schock erlitten hat:
Blasses oder weißes Zahnfleisch, erhöhte Atemfrequenz, schwacher und schneller Puls, kalte Extremitäten, allgemeine Schwäche.*

1. Öffnen Sie das Mäulchen, und betrachten Sie die
   Zähne und den Gaumen. Sorgen Sie bei Ihrer Untersuchung für möglichst gutes Licht.

Suchen Sie nach
der Ursache für
die Blutungen und
nach
irgendwelchen
Fremdkörpern.

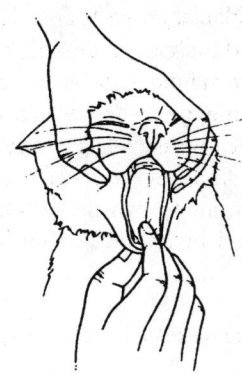

2. Legen Sie eine kalte Kompresse auf den Ursprung der Blutung, sofern er sichtbar ist. Untersuchen Sie, ob Ihre Katze einen Schock erlitten hat.

3. Mit einem stumpfen Gegenstand oder dem Griff eines Teelöffels lösen und entfernen Sie zum Beispiel Knochenstücke, die zwischen den Zähnen oder am Gaumen festsitzen.

Der stumpfe
Gegenstand wirkt
wie ein Hebel, mit
dem man den
Fremdkörper
herausholt.

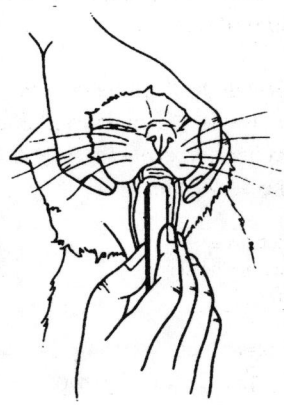

4. Wenn das Mäulchen verbrannt oder verätzt ist (durch Elektrizität oder eine Chemikalie), legen Sie die Katze auf die Seite, wobei der Hals auf einem zusammengefalteten Handtuch liegen und die Nase nach unten zeigen sollte.
5. Ziehen Sie die Lippen hoch, um das Zahnfleisch zu enthüllen, und spülen Sie das Maul mindestens fünf Minuten lang mit fließendem, kaltem Wasser aus.

- *Neigen Sie niemals den Kopf zurück, um die Blutung zu stillen.*
- *Vermeiden Sie es, Kopf und Bäckchen zu streicheln, wenn die Katze unter derartigen Beschwerden leidet.*

Nasenverletzungen

Sehen Sie das Sekret, das aus der Nase kommt, genau an. Fließt es nur aus einem Nasenloch oder aus beiden Nasenlöchern? Blut ist fast immer die Folge eines ernsthaften und möglicherweise lebensgefährlichen Aufpralls.

Überprüfen Sie, ob die Katze einen Schock erlitten hat: Blasses oder weißes Zahnfleisch, erhöhte Atemfrequenz, schwacher und schneller Puls, kalte Extremitäten, allgemeine Schwäche.

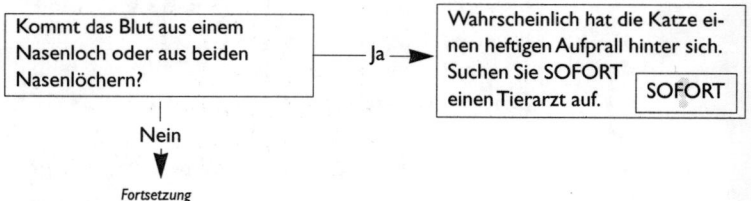

Kommt das Blut aus einem Nasenloch oder aus beiden Nasenlöchern?

Ja → Wahrscheinlich hat die Katze einen heftigen Aufprall hinter sich. Suchen Sie SOFORT einen Tierarzt auf. | SOFORT

Nein

Fortsetzung

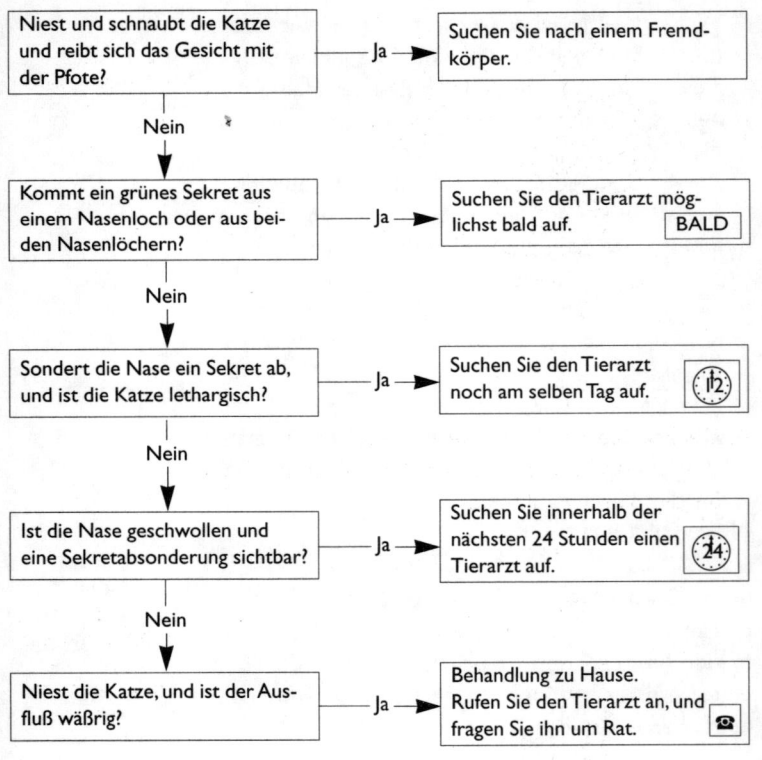

Niest und schnaubt die Katze und reibt sich das Gesicht mit der Pfote?	→ Ja → Suchen Sie nach einem Fremdkörper.
↓ Nein	
Kommt ein grünes Sekret aus einem Nasenloch oder aus beiden Nasenlöchern?	→ Ja → Suchen Sie den Tierarzt möglichst bald auf. BALD
↓ Nein	
Sondert die Nase ein Sekret ab, und ist die Katze lethargisch?	→ Ja → Suchen Sie den Tierarzt noch am selben Tag auf.
↓ Nein	
Ist die Nase geschwollen und eine Sekretabsonderung sichtbar?	→ Ja → Suchen Sie innerhalb der nächsten 24 Stunden einen Tierarzt auf.
↓ Nein	
Niest die Katze, und ist der Ausfluß wäßrig?	→ Ja → Behandlung zu Hause. Rufen Sie den Tierarzt an, und fragen Sie ihn um Rat.

Nasenbluten:

1. Halten Sie die Katze ruhig, so daß sie sich möglichst wenig bewegt.
2. Untersuchen Sie schnellstens, ob sie einen Schock erlitten hat.
3. Legen Sie eine kalte Kompresse (kaltes Tuch) auf die Nasenwurzel zwischen die Augen und die Nasenlöcher.

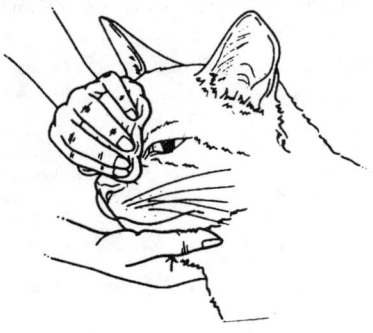

Das Nasenbluten sollte innerhalb von vier Minuten aufhören.

4. Decken Sie das blutende Nasenloch mit einem saugfähigen Tuch oder einem Einmalhandtuch ab, bis die Blutung aufhört.

Ein saugfähiges Tuch fördert die Blutgerinnung. Die Blutung könnte wieder einsetzen, wenn der Blutpfropfen gemeinsam mit dem Tuch wieder entfernt wird.

5. Auch wenn die Blutungen aufhören, sollten Sie sofort Ihren Tierarzt aufsuchen.

■ *Halten Sie der Katze nicht das Maul zu.*
■ *Neigen Sie den Kopf nicht nach hinten, um die Blu-*

tung zu stillen. Die Katze könnte an ihrem Blut ersticken.

■ *Auf keinen Fall sollten Sie das blutende Nasenloch verbinden. Das kann zu Niesen und verstärkten Blutungen führen.*

Fremdkörper:

1. Wenn Sie einen Fremdkörper in der Nase entdecken, entfernen Sie ihn vorsichtig mit einer Pinzette.
2. Wenn Sie den Fremdkörper nicht sehen oder ihn nicht entfernen können, bringen Sie Ihre Katze noch am selben Tag zum Tierarzt. (Bei dem Fremdkörper wird es sich aller Wahrscheinlichkeit nach um einen Grashalm oder ähnliches handeln.)

Ohnmacht

Wenn das Gehirn zeitweise nicht genug Sauerstoff bekommt, verliert die Katze das Bewußtsein. Normalerweise geschieht das nur selten, kann aber bei flachgesichtigen Rassen wie Persern durchaus vorkommen. Hustenanfälle, Herzkrankheiten und ein niedriger Blutzuckerspiegel können ebenfalls für Ohnmachtsanfälle verantwortlich sein.

Macht die Katze einen geschwächten Eindruck?
Sind ihre Bewegungen unkoordiniert?
Bricht sie zusammen, ist bewußtlos, erholt sich jedoch innerhalb weniger Minuten wieder? — Ja ➞ Ohnmacht

Wenn eine Katze ohnmächtig geworden ist:

1. Ziehen Sie die Zunge heraus, um die Atemwege frei zu halten.

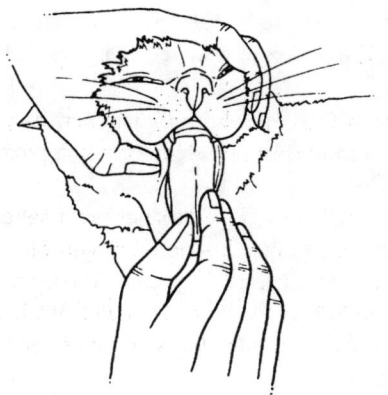

Die Zunge der Katze herausziehen.

2. Untersuchen Sie das Zahnfleisch, um sich davon zu überzeugen, daß nichts auf einen Schock oder auf Herzversagen hindeutet.
3. Halten Sie die Katze etwa noch eine Stunde nach der Ohnmacht ruhig.
4. Notieren Sie sich, wann und wo die Katze ohnmächtig geworden ist, und wie lange es gedauert hat. Wenn sich die Episode wiederholt, rufen Sie Ihren Tierarzt an, und fragen Sie ihn um Rat.

Ohrverletzungen

Plötzliches, heftiges Kopfschütteln ist häufig ein Zeichen dafür, daß die Katze einen Fremdkörper im Ohr hat. Das Kopfschütteln selbst kann dazu führen, daß ein Blutgefäß im Ohr platzt, so daß die Ohrmuschel wie ein Ballon anschwillt und sich mit Blut füllt.

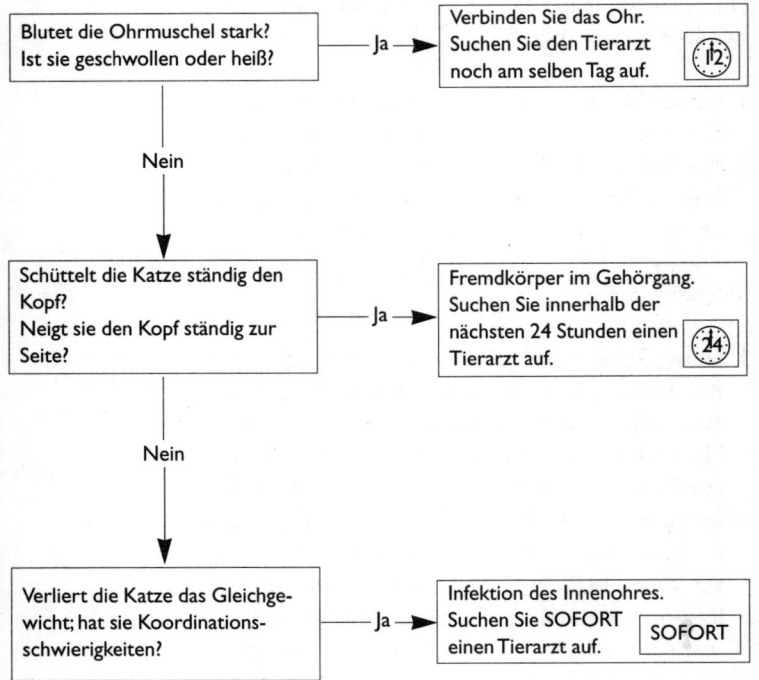

Blutendes Ohr:

1. Drücken Sie mit einer saugfähigen Mullkompresse von beiden Seiten einige Minuten lang gegen die Ohrmuschel.
2. Suchen Sie noch am selben Tag den Tierarzt auf.

Geschwollenes Ohr:

Die wahrscheinlichste Ursache für ein geschwollenes Ohr ist ein Abszeß.

1. Lassen Sie die Ursache für das Kopfschütteln in den nächsten 24 Stunden durch Ihren Tierarzt korrigieren. Er kann den Abszeß, Milben und Fremdkörper entfernen und Infektionskrankheiten oder allergische Reaktionen behandeln.

Kopfschütteln:

1. Sehen Sie sich das Ohr, das die Katze dicht am Boden hält, genau an. Wenn ein Fremdkörper wie zum Beispiel ein Grashalm sichtbar ist, versuchen Sie, ihn mit einer Pinzette oder den Fingern herauszuziehen. (Wenn Sie ein rundes, rotes Objekt entdecken, versuchen Sie nicht, es zu entfernen. Es handelt sich dann um eine gutartige Geschwulst. Sie muß operativ beseitigt werden.)

   Nehmen Sie eine Pinzette zu Hilfe.

2. Wenn das Objekt nicht entfernt werden kann und ein Tierarzt nicht gleich verfügbar ist, geben Sie etwas Pflanzenöl in das Ohr, um den Fremdkörper hinauszuspülen und zu verhindern, daß das empfindliche Gewebe in der Nähe des Gehörgangs noch weiter verletzt wird.

Gleichgewichtsstörungen:

1. Verhindern Sie, daß die Katze sich verletzt, indem Sie sie in einem abgedeckten Korb festhalten.
2. Suchen Sie den Tierarzt noch am selben Tag auf.

Pfoten, geschwollene

Abszeß, Insektenstiche

Geschwollene Pfoten führen meist dazu, daß die Katze hinkt. Die häufigste Ursache ist ein Abszeß unter der Haut, der von einem Biß herrührt. Auch Insektenstiche können eine vorübergehende Schwellung verursachen. Wenn Sie Kinder haben, überprüfen Sie, ob über der Schwellung ein Gummiband angebracht wurde. Hierzu müssen Sie sehr sorgfältig suchen, besonders bei langhaarigen Katzen, denn Gummibänder können schnell in die Haut einschneiden.

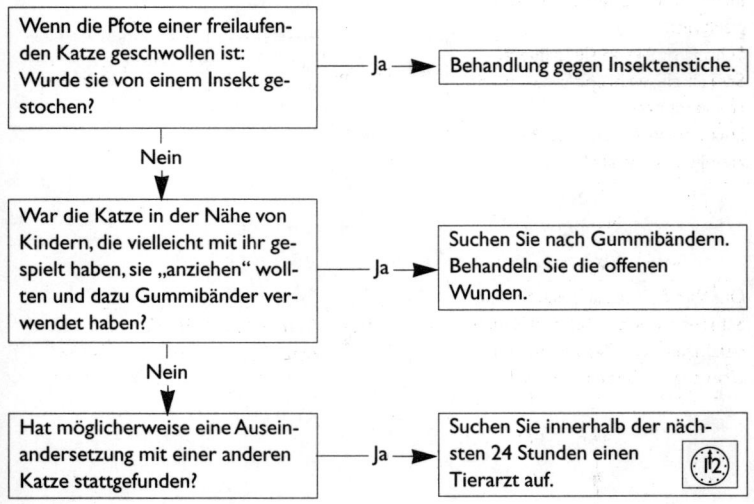

Insektenstiche treten besonders häufig bei jungen, verspielten Katzen auf. Gummibänder werden den Katzen meist um die Beine geschnürt. Es ist aber auch möglich, daß Katzen aus Versehen von selbst in sie hineingeraten, besonders wenn sie damit spielen und sie mit den Zähnen zu packen bekommen.

Probleme beim Urinieren

Die anatomischen Voraussetzungen für Harnverhaltungen sind bei männlichen Tieren aufgrund ihrer Anatomie eher gegeben als bei weiblichen. Eine Art Pfropfen aus Grieß blockiert dann den Fluß des Urins von der Blase durch die Harnröhre nach draußen. Wenn diese Krankheit nicht behandelt wird, kann sie zu Schock und Tod führen.

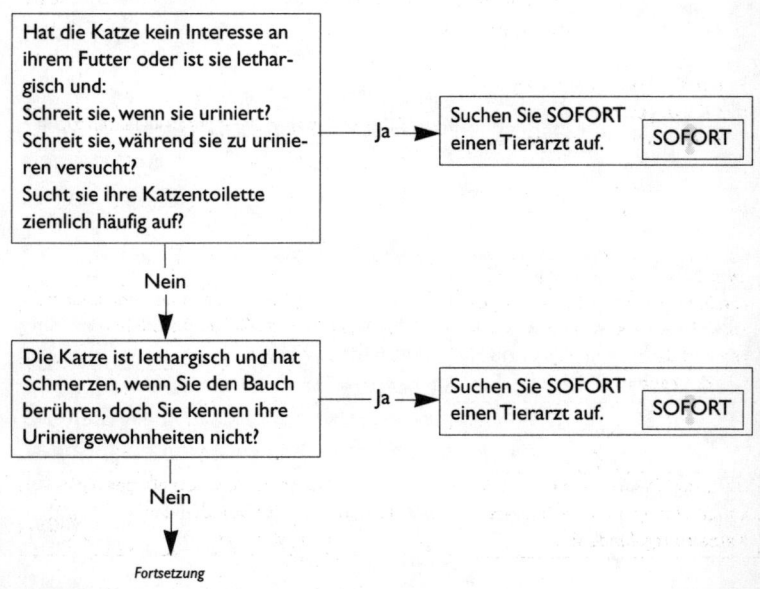

Hat die Katze kein Interesse an ihrem Futter oder ist sie lethargisch und:
Schreit sie, wenn sie uriniert?
Schreit sie, während sie zu urinieren versucht?
Sucht sie ihre Katzentoilette ziemlich häufig auf?

— Ja → Suchen Sie SOFORT einen Tierarzt auf.   SOFORT

Nein

Die Katze ist lethargisch und hat Schmerzen, wenn Sie den Bauch berühren, doch Sie kennen ihre Uriniergewohnheiten nicht?

— Ja → Suchen Sie SOFORT einen Tierarzt auf.   SOFORT

Nein

Fortsetzung

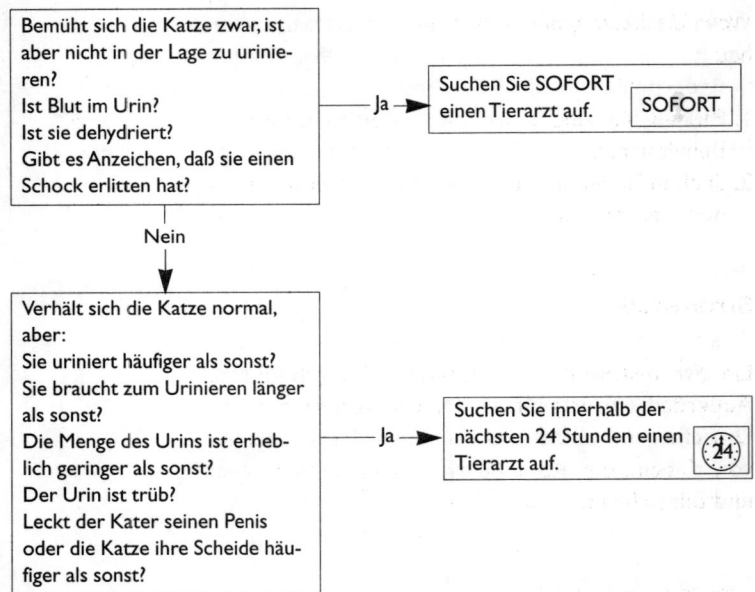

Bemüht sich die Katze zwar, ist aber nicht in der Lage zu urinieren?
Ist Blut im Urin?
Ist sie dehydriert?
Gibt es Anzeichen, daß sie einen Schock erlitten hat?

— Ja → Suchen Sie SOFORT einen Tierarzt auf.   SOFORT

Nein

Verhält sich die Katze normal, aber:
Sie uriniert häufiger als sonst?
Sie braucht zum Urinieren länger als sonst?
Die Menge des Urins ist erheblich geringer als sonst?
Der Urin ist trüb?
Leckt der Kater seinen Penis oder die Katze ihre Scheide häufiger als sonst?

— Ja → Suchen Sie innerhalb der nächsten 24 Stunden einen Tierarzt auf.

Überprüfen Sie, ob die Katze einen Schock erlitten hat: Blasses oder weißes Zahnfleisch, erhöhte Atemfrequenz, schwacher und schneller Puls, kalte Extremitäten, allgemeine Schwäche.

Wenn die Harnröhre vollkommen blockiert ist:

Nehmen Sie eine Urinprobe.

1. Wenn die Katze einen Schock erlitten hat, behandeln Sie zunächst diesen.
2. Suchen Sie sofort einen Tierarzt auf.
3. Wenn die Katze doch etwas Urin abgegeben hat, versuchen Sie ein Pröbchen davon aufzufangen, damit Ihr Tierarzt eine korrekte Diagnose der Ursache der Blockade machen kann.

Wenn die Katze große Schwierigkeiten beim Urinieren hat:

1. Fangen Sie eine Urinprobe in einem sauberen Behälter auf.
2. Suchen Sie innerhalb der nächsten 24 Stunden einen Tierarzt auf.

Stromstoß

Ein Stromstoß kann zum Herzstillstand führen. Außerdem verursacht er örtliche Verbrennungen. Ursachen für tödliche Unfälle sind das Zerbeißen von Kabeln, der Kontakt mit Starkstromleitungen und Blitzschläge.

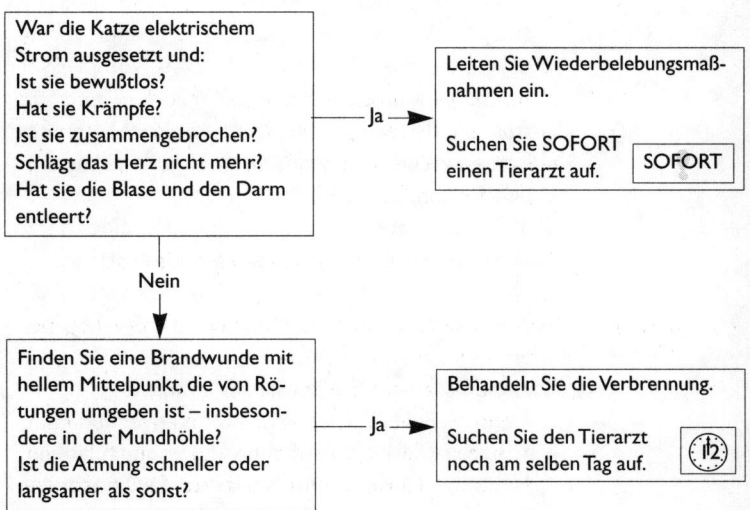

War die Katze elektrischem Strom ausgesetzt und:
Ist sie bewußtlos?
Hat sie Krämpfe?
Ist sie zusammengebrochen?
Schlägt das Herz nicht mehr?
Hat sie die Blase und den Darm entleert?

— Ja → Leiten Sie Wiederbelebungsmaßnahmen ein.

Suchen Sie SOFORT einen Tierarzt auf. | SOFORT |

Nein ↓

Finden Sie eine Brandwunde mit hellem Mittelpunkt, die von Rötungen umgeben ist – insbesondere in der Mundhöhle?
Ist die Atmung schneller oder langsamer als sonst?

— Ja → Behandeln Sie die Verbrennung.

Suchen Sie den Tierarzt noch am selben Tag auf.

*Überprüfen Sie, ob die Katze einen Schock erlitten hat:
Blasses oder weißes Zahnfleisch, erhöhte Atemfrequenz, schwacher und schneller Puls, kalte Extremitäten, allgemeine Schwäche.*

1. Bringen Sie Ihr eigenes Leben nicht in Gefahr. Wenn die Katze steif ist, dann könnte eine Berührung für Sie tödlich sein. Vermeiden Sie auch die Berührung von Flüssigkeiten in der Nähe von offenen Stromquellen. Drehen Sie den Strom ab. Wenn das nicht möglich ist, nehmen Sie einen Besenstiel, der nicht aus Metall ist, zur Hilfe, um die Katze von der offenen Stromquelle zu befreien.

2. Überprüfen Sie, ob das Herz der Katze noch schlägt und ob sie atmet.

Suchen Sie einen
Tierarzt auf.

3. Beatmen Sie sie, und wenn nötig, machen Sie eine Herzmassage.

4. Wenn außer den Verbrennungen im Mund keine anderen Verletzungen aufgetreten sind, behandeln Sie die Verbrennungen. Kalte Kompressen werden weitere Schäden verhindern.

5. Auch wenn Ihre Katze sich erholt, suchen Sie sofort einen Tierarzt auf. Überwachen Sie während der folgenden zwölf Stunden immer wieder Atmung und Puls. (Stunden nachdem eine Katze scheinbar ohne Komplikationen einen Stromstoß überstanden hat, kann eine möglicherweise tödliche Schockreaktion eintreten.)

Reduzieren Sie das Risiko eines Stromstoßes:

■ Sprühen Sie bitter schmeckendes Spray auf die elektrischen Kabel, um Kätzchen davon abzuhalten, mit ihnen zu spielen und auf ihnen herumzukauen.

- Lassen Sie ein Kätzchen niemals in einem Zimmer allein, in dem elektrische Kabel herumliegen.
- Untersuchen Sie Ihre Wohnung. Verstecken Sie alle Kabel, mit denen ein Kätzchen oder eine gelangweilte Katze spielen könnte.

Verbrennungen und Verätzungen

Die meisten Verbrennungen werden durch heiße Flüssigkeiten, durch Feuer und Hitze verursacht, aber auch Chemikalien oder Stromstöße können Verbrennungen beziehungsweise Verätzungen verursachen. Die weniger schweren Verletzungen dieser Art haben nur eine oberflächliche Schädigung der Haut zur Folge und können zu Hause behandelt werden. Schwerere Brandverletzungen dagegen können zu einer Schockreaktion führen – die manchmal erst Tage später eintritt – und müssen sofort vom Tierarzt behandelt werden. Die Folgenschwere von Brandverletzungen sollten Sie keinesfalls unterschätzen. Sogar Verbrennungen relativ kleiner Körperregionen können lebensgefährlich sein.

Überprüfen Sie, ob die Katze einen Schock erlitten hat: Blasses oder weißes Zahnfleisch, erhöhte Atemfrequenz, schwacher und schneller Puls, kalte Extremitäten, allgemeine Schwäche.

Informationen über die Behandlung von Verätzungen am Auge finden Sie im Kapitel *Augenverletzungen.*

Informationen über die Behandlung von Verbrennungen im Mund lesen Sie im Kapitel *Mundverletzungen.*

Vorsicht, Schockreaktion!

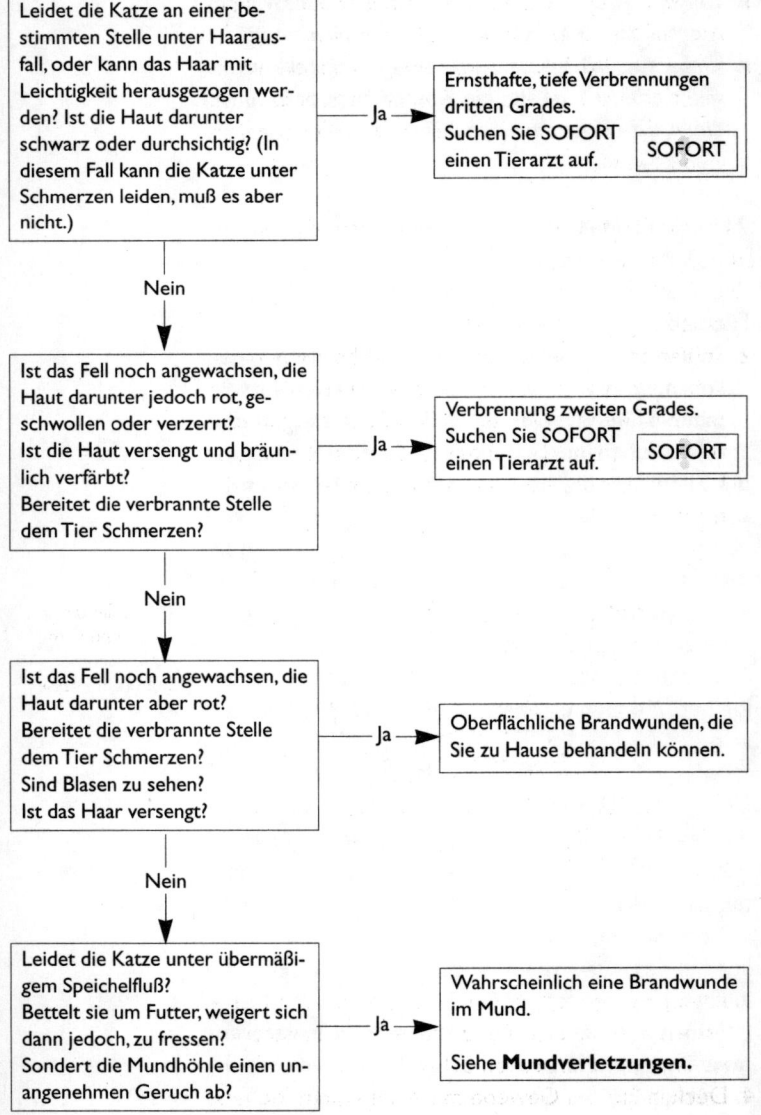

Leidet die Katze an einer bestimmten Stelle unter Haarausfall, oder kann das Haar mit Leichtigkeit herausgezogen werden? Ist die Haut darunter schwarz oder durchsichtig? (In diesem Fall kann die Katze unter Schmerzen leiden, muß es aber nicht.)

Ja ⟶ Ernsthafte, tiefe Verbrennungen dritten Grades.
Suchen Sie SOFORT einen Tierarzt auf.   SOFORT

Nein

Ist das Fell noch angewachsen, die Haut darunter jedoch rot, geschwollen oder verzerrt?
Ist die Haut versengt und bräunlich verfärbt?
Bereitet die verbrannte Stelle dem Tier Schmerzen?

Ja ⟶ Verbrennung zweiten Grades.
Suchen Sie SOFORT einen Tierarzt auf.   SOFORT

Nein

Ist das Fell noch angewachsen, die Haut darunter aber rot?
Bereitet die verbrannte Stelle dem Tier Schmerzen?
Sind Blasen zu sehen?
Ist das Haar versengt?

Ja ⟶ Oberflächliche Brandwunden, die Sie zu Hause behandeln können.

Nein

Leidet die Katze unter übermäßigem Speichelfluß?
Bettelt sie um Futter, weigert sich dann jedoch, zu fressen?
Sondert die Mundhöhle einen unangenehmen Geruch ab?

Ja ⟶ Wahrscheinlich eine Brandwunde im Mund.

Siehe **Mundverletzungen.**

- *Tragen Sie keine Salben, Cremes, Butter oder Marga-rine auf Brandwunden auf. Sie helfen nicht.*
- *Wenn eine Verätzung durch eine Chemikalie verur-sacht wurde, streifen Sie Gummihandschuhe über, damit Ihre Hände bei der Berührung nicht ebenfalls verätzt werden.*

Wenn die Haut noch intakt ist und eine Verbrennung er-sten Grades vorliegt):

1. Halten Sie die Katze fest.
2. Spülen Sie die betroffene Stelle so bald wie mög-lich mit kühlem Wasser, indem Sie die Katze in die Badewanne mit Wasser stellen oder sie vorsich-tig abduschen. (Je schneller Sie die Stelle ab-kühlen, um so weniger Schaden wird sie neh-men.)

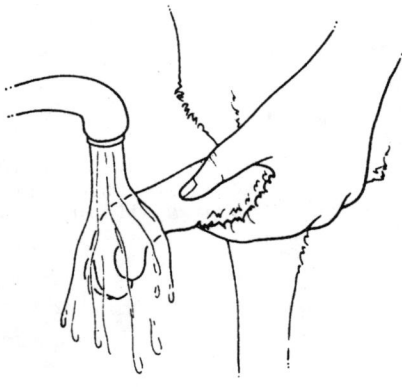

Spülen Sie die Verbrennung mit viel kühlem, sauberem Wasser.

3. Legen Sie zwanzig Minuten lang eine kalte Kom-presse auf die betroffene Stelle (zum Beispiel ei-ne Tüte mit gefrorenen Erbsen).
4. Decken Sie das Gewebe mit einem nicht kleben-

Legen Sie eine
kalte Kompresse
auf die betroffene
Stelle.

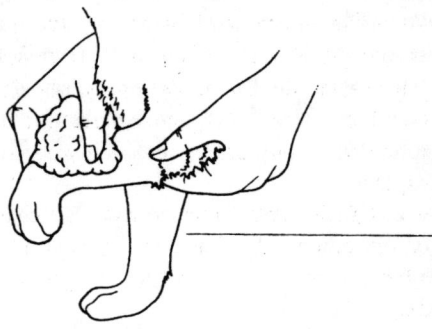

den Verband ab. Der Verband schützt die verletzte Stelle und hält die Katze davon ab, daran her-
umzulecken. Wechseln Sie den Verband täglich.
Wenn er einen unangenehmen Geruch absondert, suchen Sie innerhalb von vierundzwanzig
Stunden den Tierarzt auf.

5. Rufen Sie Ihren Tierarzt an, und fragen Sie ihn um
Rat.

*Wenn die Haut intakt ist, aber mit Chemikalien in
Berührung gekommen ist:*

Backpulver bei
Säureverätzungen

1. Nehmen Sie der Katze das Halsband ab, falls dieses ebenfalls mit der Chemikalie in Berührung gekommen ist.

2. Spülen Sie die betroffene Körperregion zwanzig
Minuten lang. Achten Sie darauf, daß die Chemikalie währenddessen kein anderes Körperteil der
Katze verätzt. Benutzen Sie ein mildes Spülmittel
oder Shampoo. Im Falle einer Säureverätzung
spülen Sie die Stelle mit Backpulver (ein Teelöffel

Backpulver auf einen halben Liter Wasser).
Wenn das Innere des Maules verletzt wurde, legen Sie die Katze auf die Seite, und gießen Sie mehrere Tassen kühles Wasser durch das Mäulchen. Eine andere Möglichkeit besteht darin, es Mund mit einem Gartenschlauch vorsichtig auszuspülen.

3. Bedecken Sie oberflächliche chemische Verätzungen mit einem nicht haftenden Verband.
4. Rufen Sie Ihren Tierarzt an, und fragen Sie ihn um Rat.

Wenn die Haut teilweise oder vollkommen verbrannt ist (Verbrennungen zweiten und dritten Grades):

1. Untersuchen Sie Ihre Katze, ob sie einen Schock erlitten hat, und behandeln Sie sie entsprechend.

Schocksymptome

2. Legen Sie ein sauberes, trockenes Tuch auf die Wunden. Vermeiden Sie grobes Material, das an den Wunden kleben bleiben könnte.
3. Verbinden Sie die betroffene Region mit Streifen eines zerrissenen Bettuchs oder anderem weichen Material.
4. Bringen Sie die Katze sofort zum Tierarzt.

Sorgen Sie dafür, daß das Risiko von Verbrennungen und Verbrühungen relativ gering bleibt. Lassen Sie Ihre Katze nicht unbeaufsichtigt in der Küche, während Sie kochen. Sie könnte in eine heiße Bratpfanne treten, weil sie nach Nahrung sucht. Benutzen Sie einen Kaminschutz, damit Ihre Katze einem offenen Feuer nicht zu nahe kommt.

Verschluckte Fremdkörper

Junge Katzen und neugierige erwachsene Katzen neigen manchmal dazu, unverdauliche Objekte zu verschlucken, insbesondere solche, an denen ein Faden befestigt ist. Manche dieser Objekte sind klein genug, um Magen und Darm nicht weiter zu belasten, während andere steckenbleiben. Manchmal bleiben derlei Objekte auch im Magen haften.

Überprüfen Sie, ob die Katze einen Schock erlitten hat: Blasses oder weißes Zahnfleisch, erhöhte Atemfrequenz, schwacher und schneller Puls, kalte Extremitäten, allgemeine Schwäche.

(Wenn die Katze würgt, siehe Kapitel *Ersticken.*)

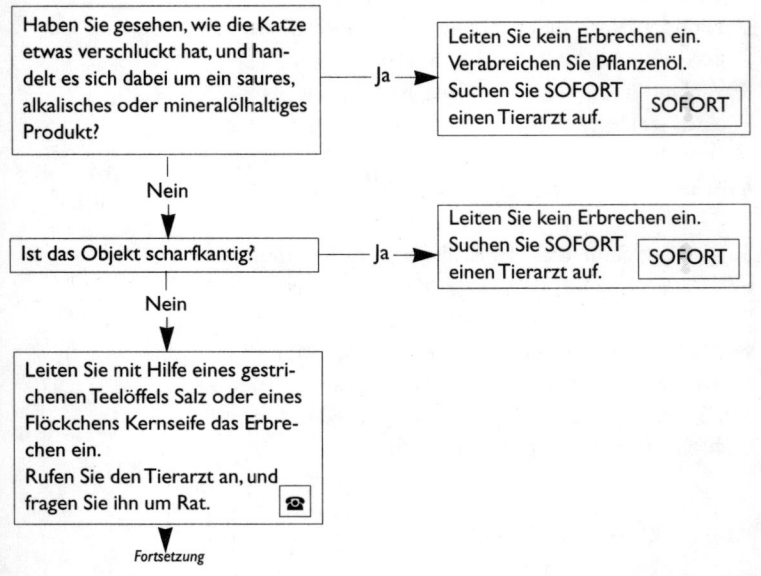

Fortsetzung

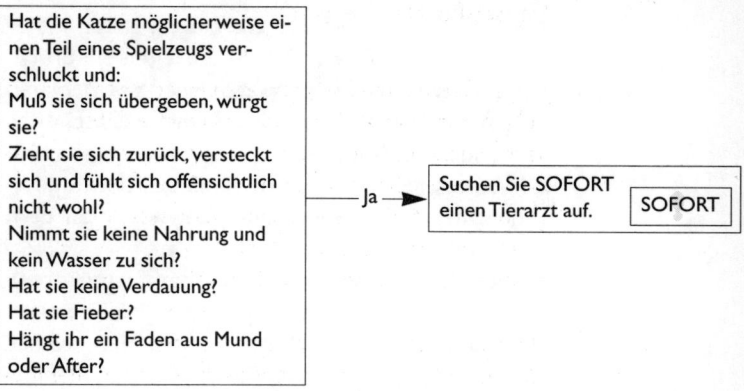

Hat die Katze möglicherweise einen Teil eines Spielzeugs verschluckt und:
Muß sie sich übergeben, würgt sie?
Zieht sie sich zurück, versteckt sich und fühlt sich offensichtlich nicht wohl?
Nimmt sie keine Nahrung und kein Wasser zu sich?
Hat sie keine Verdauung?
Hat sie Fieber?
Hängt ihr ein Faden aus Mund oder After?

— Ja →

Suchen Sie SOFORT einen Tierarzt auf.   SOFORT

1. Wenn der Gegenstand immer noch im Maul steckt, entfernen Sie ihn, wenn möglich. Ziehen Sie nicht an einem Faden oder einer Schnur, die ihr aus Mund oder After hängt. Schneiden Sie ihn auch nicht ab. Suchen Sie sofort einen Tierarzt auf.

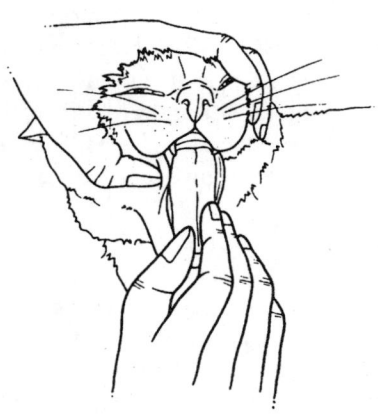

Geben Sie das Brechmittel ins Maul. Schließen Sie den Kiefer, und reiben Sie den Hals der Katze.

2. Wenn das Objekt nicht alkalisch, sauer, mineralölhaltig oder scharfkantig ist, leiten Sie Erbrechen ein, indem Sie der Katze einen gestrichenen Teelöffel Salz oder ein Stückchen Kernseife ins Mäulchen geben.

3. Wenn das Erbrechen nicht innerhalb von fünf Minuten erfolgt, verabreichen Sie mehr von dem Brechmittel.

4. Wenn die Katze sich erbricht, der Fremdkörper jedoch nicht mit herauskommt, suchen Sie sofort Ihren Tierarzt auf.

Verstopfung

Der häufigste Grund für Verstopfung ist ein Haarklumpen, eine verfilzte Masse aus Haaren und Kot, der zu trocken ist, um mit Leichtigkeit aus dem After ins Freie zu gelangen. Verstopfung wird zudem auch durch eine Verlangsamung der Darmperistaltik, durch Leistenbrüche, Tumore und durch das Fressen von Knochen oder Gras verursacht. Auch eine Krankheit, die die Nerven befällt, welche die inneren Organe steuern, kann zu schwerer Verstopfung führen. Achtung: Bei schwerem Durchfall nehmen Katzen eine angestrengte Haltung ein, die häufig mit den Symptomen der Verstopfung verwechselt wird.

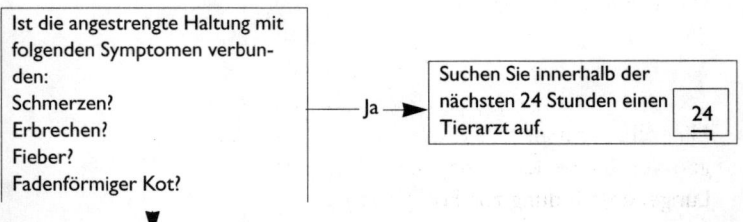

Ist die angestrengte Haltung mit folgenden Symptomen verbunden:
Schmerzen?
Erbrechen?
Fieber?
Fadenförmiger Kot?

— Ja → Suchen Sie innerhalb der nächsten 24 Stunden einen Tierarzt auf. | 24 |

Fortsetzung

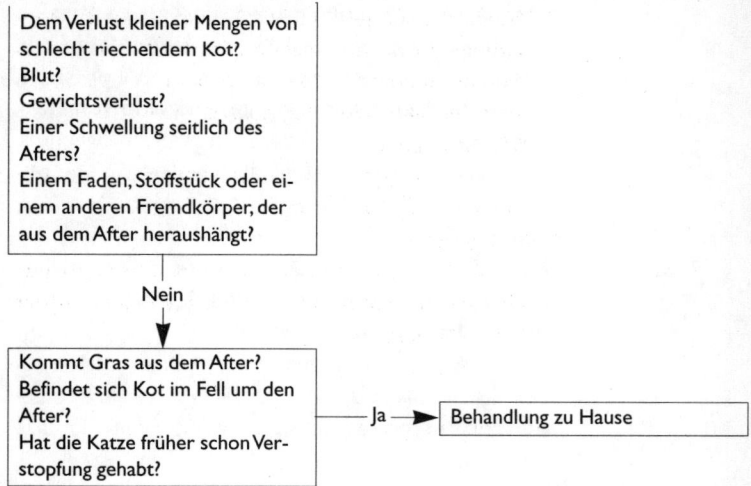

Dem Verlust kleiner Mengen von
schlecht riechendem Kot?
Blut?
Gewichtsverlust?
Einer Schwellung seitlich des
Afters?
Einem Faden, Stoffstück oder ei-
nem anderen Fremdkörper, der
aus dem After heraushängt?

↓ Nein

Kommt Gras aus dem After?
Befindet sich Kot im Fell um den
After?
Hat die Katze früher schon Ver-
stopfung gehabt?

→ Ja → Behandlung zu Hause

1. Wenn Gras in der Afteröffnung sichtbar ist, streifen Sie einen Gummihandschuh über, und ziehen
Sie es vorsichtig heraus. Versuchen Sie auf keinen
Fall, einen Faden oder eine Schnur herauszuziehen, damit können Sie ernsthaften Schaden anrichten.

2. Wenn Kot im Fell um den After klebt, schneiden
Sie das Fell vorsichtig mit einer Schere ab. Waschen Sie die entzündete Region mit warmer Sei-
fenlauge und tragen Sie lindernde, wasserlösliche
Kamillen- oder Hamamelissalbe auf.

3. Wenn die Katze häufiger unter Verstopfung leidet, geben Sie ihrem Futter etwas Paraffinöl hin-
zu. Als Faustregel für die Dosierung gilt etwa 1
Teelöffel pro 5 kg Körpergewicht. (Geben Sie das
Mineralöl niemals direkt ein. Wenn es in die Lungen gerät, was leicht passieren kann, kann dies
Lungenentzündung zur Folge haben.)

Ziehen Sie
keinesfalls einen
Faden aus der
Afteröffnung
heraus.

4. Messen Sie die Temperatur Ihrer Katze. Wenn sie
   erhöht ist und Blut am Thermometer klebt oder
   das Thermometer an einen harten Widerstand
   stößt, bringen Sie Ihre Katze innerhalb von vierundzwanzig Stunden zum Tierarzt. Möglicherweise wird er durch Einläufe die Verstopfung beseitigen.

Verstopfung kommt häufiger bei älteren als bei jün-
geren Katzen vor. Benutzen Sie Abführmittel, die
den Stuhlgang weicher machen. Sorgen Sie dafür,
daß die Katze immer genug zu trinken hat. Versuchen Sie niemals, selbst einen Einlauf bei Ihrer Katze zu machen, ohne Rücksprache mit Ihrem Tierarzt
zu nehmen oder seinen ausdrücklichen Instruktionen zu folgen.

Wunden – oberflächliche

Abschürfungen, Prellungen, Risse, Schnitte

Untersuchen Sie
die Katze auf
tiefergehende
Schäden.

Hautverletzungen treten sehr häufig auf. Unange-
nehme Schürfwunden sind die Folge, wenn die Haut
an einem harten Gegenstand entlangkratzt. Prellungen entwickeln sich nach Zusammenstößen oder
Stürzen. Hier werden die Blutgefäße unter der Haut
beschädigt. Schnitte oder andere Fleischwunden finden sich meistens in den Füßen, insbesondere den
Fußballen, können aber auch an anderen Körperstellen auftreten. Wenn Sie bei Ihrer Katze eine dieser oberflächlichen Wunden finden, führen Sie eine
Ganzkörperuntersuchung durch, um zu überprüfen,
ob noch ernsthaftere, tiefergehende Schäden vorliegen.

Überprüfen Sie, ob die Katze einen Schock erlitten hat: Blasses oder weißes Zahnfleisch, erhöhte Atemfrequenz, schwacher und schneller Puls, kalte Extremitäten, allgemeine Schwäche.

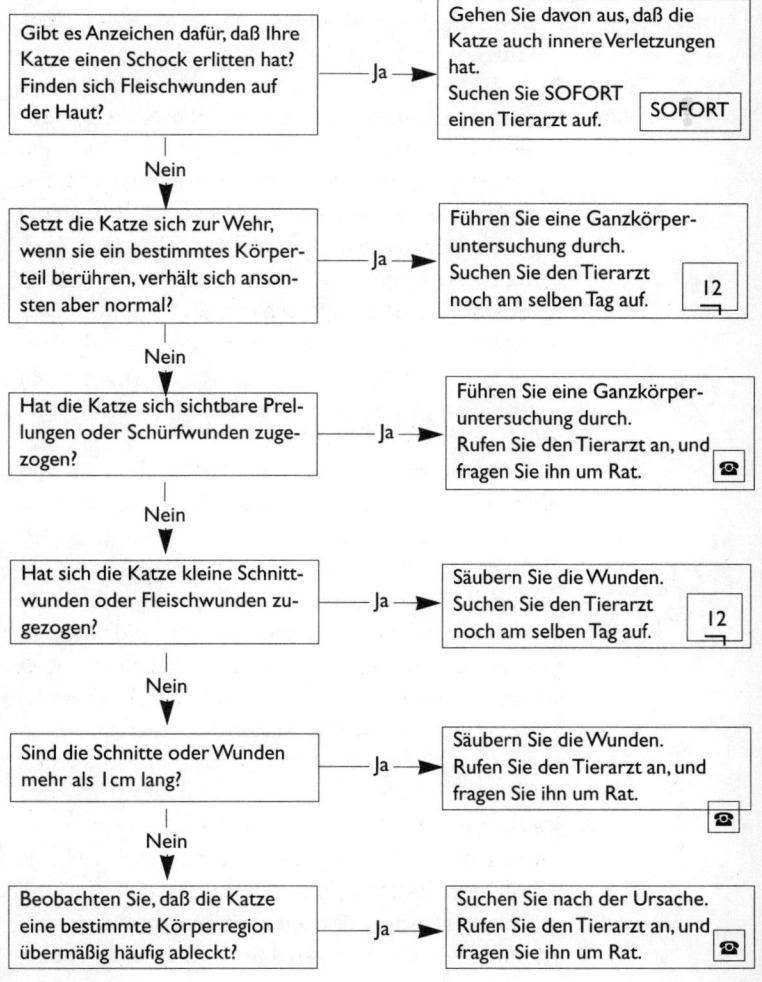

1. Spülen Sie oberflächliche Verletzungen, die mit Erde, Rost, Staub, Pflanzen oder Speichel verschmutzt sind, mit dreiprozentiger Wasserstoffperoxydlösung oder einem nicht brennenden Desinfektionsmittel, das Sie mit warmem Wasser verdünnt haben. (Benutzen Sie keine Watte. Die Fasern könnten in der Wunde hängen bleiben.)

Benutzen Sie keine Watte.

2. Legen Sie einige Minuten lang eine kalte Kompresse (eine Tüte mit tiefgefrorenen Erbsen oder ein kaltes, nasses Tuch) auf die geprellte Körperregion. (Wenn ein Gelenk oder eine Pfote geprellt oder geschwollen ist, sollten Sie davon ausgehen, daß die Katze auch innere Verletzungen hat.)

3. Versuchen Sie nicht, die Wunde zu verbinden. Das ist normalerweise nicht notwendig und in der Regel sowieso recht schwierig. Benutzen Sie einen grobkörnigen Katzensand, bis die Wunde abgeheilt ist.

4. Rufen Sie Ihren Tierarzt an, beschreiben Sie ihm die Art der Verletzung, und lassen Sie sich weitere Ratschläge geben.

Lassen Sie nicht zu, daß die Katze die Wunde übermäßig viel leckt. Da Katzenspeichel jedoch einen Bestandteil enthält, der leicht antiseptisch wirkt, ist gegen ein moderates Lecken nichts einzuwenden. Es wirkt dann reinigend und schadet nicht.

Wunden – tiefe

Betrachten Sie jede tiefe Wunde als möglicherweise lebensgefährlich, denn nur allzu häufig werden sie von inneren Verletzungen, die durch Messerstiche,

Schußapparate oder Pfeile verursacht wurden, begleitet. Denken Sie immer daran, daß innere Verletzungen auch ohne sichtbare Oberflächenwunden auftreten können, und zwar nach Autounfällen, Stürzen oder einem heftigen Aufprall.

Die Erste-Hilfe-Maßnahmen bei tiefen Wunden sind im Kapitel *Fleischwunden* beschrieben.

Überprüfen Sie, ob die Katze einen Schock erlitten hat: Blasses oder weißes Zahnfleisch, erhöhte Atemfrequenz, schwacher und schneller Puls, kalte Extremitäten, allgemeine Schwäche.

Ist die tiefe Verletzung durch ein Messer, einen Pfeil, eine Kugel oder ein Geschoß verursacht worden?
Blutet die Verletzung auch drei Minuten nach dem Anlegen eines Druckverbandes noch?
Gibt es Anzeichen, daß die Katze einen Schock erlitten hat?
Hat sie Atemschwierigkeiten?
Fühlt sich das Tier offensichtlich nicht wohl, hat es Schmerzen?
Können Sie schmutzige Fleischwunden erkennen?
Wurde die Katze von einem unbekannten Tier gebissen?
Versteckt sich die Katze, und hat sie einen schmerzenden, feuchten Fellfleck irgendwo am Körper?

→ Ja → Suchen Sie SOFORT einen Tierarzt auf. | SOFORT |

1. Auf keinen Fall sollten Sie ein Objekt, das tief in das Gewebe eingedrungen ist, wie zum Beispiel Pfeile, herausziehen. (Das kann tödliche innere

Blutungen zur Folge haben. Versuchen Sie die Katze immer zusammen mit dem Objekt zu bewegen. Wenn dies nicht möglich ist, rufen Sie Ihren
Tierarzt an, und bitten Sie ihn um einen Hausbesuch.)

2. Beruhigen Sie die Katze, pressen Sie auf die entsprechenden Druckpunkte, um die Blutung zu
stillen. Halten Sie die Atemwege frei. Wenn nötig,
beatmen Sie die Katze, und machen Sie eine
Herzmassage.

3. Seien Sie darauf vorbereitet, daß die Katze einen
Schock erleidet. Wickeln Sie sie in eine Decke, um
sie warm zu halten, und suchen Sie sofort den
Tierarzt auf.

Denken Sie daran, innere Verletzungen wie Gehirnerschütterung, Zwerchfellriß, Blasenriß, die Verletzung anderer Organe und daraus resultierende innere Blutungen können auch ohne sichtbaren
Schaden auftreten. Wenn Sie wissen, daß Ihre Katze
einen schweren Unfall hatte, oder wenn Sie bei der
Ganzkörperuntersuchung Anzeichen für einen
Schock feststellen, suchen Sie sofort einen Tierarzt
auf. Weitere Informationen finden Sie in dem Kapitel über *Fleischwunden*.

TEIL 4
NOTFÄLLE VERHINDERN

WIE MAN DAS RISIKO VON NOTFÄLLEN REDUZIERT

Vorsicht ist besser als heilen.

Treffen Sie ein paar einfache Vorsichtsmaßnahmen:

- *Kontrollieren Sie Ihre Katze.*
  Die Welt außerhalb der Wohnung ist ein Dschungel. Draußen herumzustreunen ist ebenso aufregend wie gefährlich, und Katzen laufen dabei Gefahr, ernsthafte Verletzungen zu erleiden. Aber auch im Haus warten einige Gefahren auf die Katze, insbesondere wenn sie von Balkonen oder aus offenen Fenstern in die Tiefe fallen. Gehen Sie nicht davon aus, daß Katzen sich immer vernünftig verhalten. Das ist nicht der Fall. Das sogenannte »Hochhaussyndrom«, bei dem Katzen aus großen Höhen hinunterfallen, ist ein sehr häufig auftretender Notfall.

- *Verhindern Sie, daß Ihre Katze im Müll herumwühlt.*
  Sichern Sie Ihren Abfall, und zwar sowohl im Haus als auch draußen, durch fest verschließbare Deckel.

- *Sorgen Sie einmal im Jahr für eine Routineuntersuchung sowie für regelmäßige Impfungen.*
  Die Prävention oder Frühdiagnose einiger Krankheiten ist sowohl für die Katze als auch für Ihr Portemonnaie weniger schlimm als eine Notfallbehandlung.

- *Untersuchen Sie die Katze, ob sie von inneren oder äußeren Parasiten befallen ist.*
  Parasiten sind Krankheitsüberträger. Entwurmen

Sie Ihre Katze regelmäßig, und halten Sie saisonbedingte Parasiten mit den geeigneten Insektiziden und Schutzmitteln in Schach.

■ *Lassen Sie Ihre Katze kastrieren.*
Sprechen Sie mit Ihrem Tierarzt über dieses Thema. Sterilisierte Katzen streunen weniger intensiv, und das Risiko ernsthafter medizinischer Probleme reduziert sich.

■ *Pflegen Sie Haut und Fell, Zähne und Zahnfleisch, Krallen und Analdrüsen regelmäßig.*
Notfälle werden wahrscheinlich seltener auftreten, wenn Sie die Katze regelmäßig »warten«.

■ *Vermeiden Sie gefährliche Situationen im Haushalt.*
Halten Sie sämtliche Haushaltschemikalien, Reiniger, Medikamente oder gefährliche Pflanzen unter Verschluß oder bewahren Sie sie dort auf, wo sie nicht heruntergeworfen werden können und plötzlich in Reichweite des Tieres sind. Wenn Ihre Katze gern auf Gegenständen herumkaut, verstecken Sie sämtliche Kabel. Bevor Sie Ihren Trockner einschalten, sollten Sie immer überprüfen, ob Ihre Katze nicht darinsitzt. Gewöhnen Sie sich an, auf Ihre Motorhaube zu klopfen, bevor Sie das Auto starten. (Bei kaltem Wetter werden Katzen von der Hitze des Motorblocks geradezu magisch angezogen. Bitten Sie Ihre Nachbarn um die gleiche Vorsichtsmaßnahme.)

Sehen Sie in Ihrem Trockner nach.

■ *Vermeiden Sie Risiken, wenn Sie mit der Katze verreisen.*
Lassen Sie Ihre Katze niemals an einem warmen Tag im verschlossenen Auto zurück.

Identifikation

Tätowierung und
Namensplakette

Wenn Ihre Katze verloren geht, ist es besonders
wichtig, daß jemand sie identifizieren und ihren Be-
sitzer ausfindig machen kann. Eine permanente
Kennzeichnung durch Tätowierungen bietet hierbei
mehr Sicherheit als ein Namensschildchen, das die
Katze am Halsband trägt.

Tätowierungen

Wenn es ein standardisiertes Erkennungssystem
dieser Art in Ihrer Wohngegend gibt, sollten Sie
über eine Tätowierung nachdenken. Unter Narkose
wird Ihrem Tier an der Innenseite beider Ohren je-
weils eine Nummer eingraviert. Wenden Sie sich im
Bedarfsfall an den Tierschutzbund oder an eine entsprechende Bürgerinitiative.

Namensplakette

Lassen Sie den Namen der Katze und Ihre Telefon-
nummer auf einer Metallplakette eingravieren. Es ist
durchaus ratsam, Ihren Tierarzt und dessen Telefon-
nummer auf der anderen Seite der Marke festzu-
halten. Ersetzen Sie die Marke durch eine neue,
wenn Sie umziehen.

Halsbänder

Selbst wenn Ihre Katze nicht nach draußen geht,
sollten Sie dafür sorgen, daß sie ein Halsband trägt,
an welchem der Katzenname, Ihr Name und Ihre Te-
lefonnummer verzeichnet sind. Das macht es dem
»Finder« Ihrer Katze leichter, wenn sie einmal ent-

wischt. Wenn Ihre Katze sich häufig im Freien aufhält, sorgen Sie für ein elastisches Halsband, das sich
nicht in den Zweigen verfangen kann, wenn die Katze auf Bäume klettert.

Erziehung und Bewegung

Erziehung

Wenn Ihre Katze nach draußen geht, bringen Sie ihr
bei, zu miauen, wenn sie ihren Namen hört. Locken
Sie sie mit ihren Lieblingsspeisen, und rufen Sie
ihren Namen. Geben Sie ihr den Snack nur, wenn sie
miaut. Wiederholen Sie diese Übung, bis die Katze
verläßlich miaut, sobald sie ihren Namen hört. Auf
diese Weise werden Sie sie eher finden können,
wenn sie verletzt ist oder sich vor Gefahren versteckt.

Bringen Sie ihr
bei, auf ihren
Namen zu hören.

Bewegung

Alle Katzen brauchen physische und geistige Anre-
gung. Spielen Sie mit Ihrer Katze, wenn Sie zu Hause sind. Animieren Sie sie. Füttern Sie sie immer
erst kurz bevor Sie die Wohnung verlassen, so daß
sie in Ihrer Abwesenheit eher schläft als die Vor-
hänge hochzuklettern. Wenn Ihre Katze sich ausschließlich in der Wohnung aufhält und gerne an
Grünpflanzen herumkaut, entfernen Sie jede möglicherweise giftige Zimmerpflanze, und stellen Sie ihr
Katzengras als gesunden Ersatz hin. Wenn Sie ihr eine besondere Freude machen wollen, kaufen Sie
Zyperngras.

Impfungen

Eine Impfung stimuliert das Immunsystem der Katze, so daß es Antikörper gegen eine spezifische
Krankheit bildet. Impfstoffe werden in der Regel aus
Viren oder Bakterien hergestellt, die wahlweise in
ihrer Wirkung abgeschwächt oder bereits abgetö-
tet sind. Sie wirken nicht krankheitserzeugend, sondern lösen lediglich die Bildung von Antikörpern
aus. Ihr Veterinär wird Ihnen sagen, auf welche
Krankheiten besonders zu achten ist. Er wird Ihnen
einen Impfplan für Ihre Katze vorschlagen und Ihnen einen Impfpaß ausstellen, in dem sämtliche
Krankheiten verzeichnet sind.

Die Krankheiten, gegen die Ihre Katze auf jeden Fall
geimpft werden sollte, lauten wie folgt:

Katzenleukose

Das Leukämievirus löst eine Infektionskrankheit
aus, die die häufigste Todesursache für Katzen dar-
stellt. Dieses langsam wirkende Virus schwächt die
natürlichen Abwehrkräfte der Katze, so daß auch
andere schwere Krankheiten sich entwickeln können. Dazu gehören:

- Schwere Anämie
- Tumoren in den Lymphknoten
- Schwere Zahnfleischentzündung
- Nierenversagen

Eine Erkrankung an Katzenleukose kann tödlich
verlaufen.

Katzenseuche (Panleukopenie/Katzenstaupe)

Die Symptome für eine Erkrankung an Katzenseuche sind:

- Erbrechen und Durchfall
- Lethargie und Abgeschlagenheit
- Dehydrierung

Eine Erkrankung an Katzenseuche kann tödlich verlaufen.
Die Grundimmunisierung (bis zur 12. Lebenswoche) erfolgt durch zwei Impfungen im Abstand von zwei bis vier Wochen. Nach der 12. Woche reicht eine Impfung, die alle zwei Jahre wiederholt wird.

Virusschnupfen/Katzenschnupfen

Der Katzenschnupfen kann durch zwei Erreger ausgelöst werden, durch das Calici- und das Herpes-Virus.
Die Symptome für eine Infektion mit diesen Viren sind:

- Niesen
- Entzündete Augen mit Sekretabsonderung
- Entzündetes Zahnfleisch
- Geschwüre in der Mundhöhle
- Fieber und Verhaltensveränderungen

Diese Viren können junge Kätzchen das Leben kosten. Hat die Katze sich diese Krankheit einmal zugezogen, kann sie immer wiederkehren.
Die Grundimmunisierung (bis zur 12. Lebenswoche und darüber hinaus) erfolgt durch zwei Impfungen

im Abstand von zwei bis vier Wochen. Die Impfung
muß jährlich wiederholt werden.

Chlamydien

Hierbei handelt es sich um eine Erkrankung der
oberen Atemwege, kombiniert mit einer Augen-
schleimhautentzündung.

Das Hauptsymptom für eine Chlamydien-Infektion ist:

■ Eine schwere Augenentzündung, verbunden mit
  Sekretabsonderung

Diese Infektion ist sehr ansteckend und muß durch
eine langwierige Antibiotika-Therapie behandelt
werden.

Bauchwassersucht/Feline Infektiöse Peritonitis (FIP)

*Die Symptome für diese Infektionserkrankung sind un-
terschiedlich. Sichere Anzeichen sind:*

■ Geschwollener Bauchbereich
■ Anämie
■ Gewichtsabnahme
■ Dehydrierung (erkennbar an vermehrtem Durst)

Vorsicht, tödlich!   Eine Erkrankung an FIP verläuft immer tödlich.

Tollwut

Eine präventive Impfung gegen Tollwut ist in fast
ganz Europa verbreitet. Sie ist aufgrund der Gefähr-
dung des Menschen auch für Katzen, die aus-

schließlich in der Wohnung gehalten werden, sinnvoll. Bei Auslandsreisen und Katzenausstellungen ist die Schutzimpfung Vorschrift. Die Grundimmunisierung (bis zur 12. Lebenswoche) erfolgt durch zwei Impfungen im Abstand von zwei bis vier Wochen. Nach der 12. Woche reicht eine Impfung, die jährlich wiederholt wird.

Parasiten

Äußere Parasiten (Aktoparasiten) wie Flöhe, Zecken, Milben und Läuse verursachen nicht nur vermehrtes Jucken, sondern können auch Krankheiten übertragen. Innere Parasiten (Endoparasiten) führen zu Abgeschlagenheit und Schwäche und stellen somit ein erhöhtes Krankheitsrisiko dar. Verhindern Sie, daß die Parasiten Ihre Katze als Selbstbedienungsrestaurant betrachten. Folgen Sie hier dem Rat Ihres Tierarztes, und treffen Sie die entsprechenden Vorsorgemaßnahmen, um einen Befall zu verhindern.

Äußere Parasiten

Wenn das Fell ihrer Katze mit kleinen, schwarzen und glänzenden Staubkörnchen bedeckt ist, und wenn die Haut juckt, entzündet oder schuppig ist, dann hat sie Flöhe. Davon sollten Sie in jedem Fall ausgehen, selbst wenn Sie keine entdecken können. Die meisten Hautprobleme bei Katzen werden von Parasiten hervorgerufen. Vereinbaren Sie einen Termin zur Untersuchung beim Tierarzt. Treffen Sie Vorsorgemaßnahmen, damit weder Ihre Katze noch Ihre Familie weiter von Parasiten

Flöhe

Reinigen Sie auch
Ihre Wohnung und
das Katzen-
körbchen.

heimgesucht werden. Hierbei kann es sich um einen Puder oder auch um ein Flohhalsband handeln. Wenn die Katze von Flöhen befallen ist, sollten Sie auch Ihre Wohnung entsprechend mitbehandeln. Außerdem sind besondere hygienische Maßnahmen erforderlich: Reinigen Sie das Katzenkörbchen häufiger und gründlich, und wiederholen Sie die Behandlung in wöchentlichen Abständen, da die Eier der Flöhe überleben.

Flöhe, Milben, Beißläuse (Haarlinge)

Symptome für den Befall
- Jucken und Kratzen
- Entzündete Haut
- Stumpfes, schuppiges Fell
- Läuseeier im Fell
- Parasiten müssen nicht immer sichtbar sein.

Prävention:
- Beginnen Sie frühzeitig mit der Ungezieferbekämpfung.
- Benutzen Sie ein katzenverträgliches Ungezieferbekämpfungsmittel. Es sollte jedoch nicht in der Wochenstube der Katze verwendet werden.
- Sorgen Sie dafür, daß die Katze nicht in die Nähe anderer, mit Ungeziefer befallener Tiere kommt oder gar das Lager mit ihnen teilt.

Innenparasiten

Wenn Ihre Katze wäßrigen oder blutigen Durchfall hat, nehmen Sie eine Stuhlprobe mit zum Arzt. Er wird untersuchen, welche Endoparasiten für das Problem verantwortlich sind.

Spulwürmer

Symptome für den Befall
- Stumpfes Fell
- Gewichtsverlust
- Erbrechen oder Durchfall, mit dem rosa-weißliche Würmer ausgeschieden werden können.

Prävention:
- Ab der zweiten Woche sollten junge Kätzchen routinemäßig entwurmt werden.
- Entwurmen Sie auch die schwangere Katze.
- Entwurmen Sie die Katze nach einer längeren Behandlung mit Corticosteroiden.
- Ansonsten sollten Sie alle Katzen, die draußen gehalten werden, mindestens zweimal im Jahr entwurmen. Lassen Sie sich von Ihrem Veterinär ein geeignetes Präparat empfehlen.

Entwurmen Sie Ihre Katze mindestens zweimal im Jahr.

Bandwürmer

Symptome für den Befall
- Blähbauch
- Reiskorngroße Eier im Fell um den After

Prävention:
- Die Überträger können Flöhe sein, deshalb sollten Sie insbesondere Flöhe bekämpfen.
- Verhindern Sie, daß Ihre Katze bereits tote Tiere und Fleischabfälle frißt.
- Entwurmen Sie Ihre Katze mit den Medikamenten, die Ihr Veterinär Ihnen empfohlen hat.

Hakenwürmer, Katzenleberegel, Trichine und Toxoplasmoseerreger sind andere Endoparasiten, für die es keine Präventivmaßnahmen gibt. Die Toxoplasmose stellt ein mögliches Gesundheitsrisiko für Menschen dar, insbesondere für schwangere Frauen. Wenn Sie eine freilaufende Katze haben, oder Ihrem Tier rohes Fleisch zu fressen geben, vermeiden Sie während der Schwangerschaft Kontakt mit dessen Kot.

Körperpflege

Zähne und Zahnfleisch

Regelmäßige Zahnpflege

Wenn Sie Ihre Katze Dosenfutter oder Trockenfutter verabreichen und ihr nicht regelmäßig die Zähne putzen oder das Zahnfleisch massieren, wird sich unweigerlich irgendwann eine Zahnfleischentzündung einstellen. Wenn der Atem der Katze übel zu riechen beginnt, kann den Wurzeln einiger Zähne bereits irreversibler Schaden zugefügt worden sein. Halten Sie Zähne und Zahnfleisch sauber, und beugen Sie Entzündungen vor.

1. Sorgen Sie dafür, daß die Ernährung Ihrer Katze teilweise einen aktiven Reiß- und Kauvorgang erforderlich macht. Geben Sie Ihr unzerschnittenes Fleisch zu fressen.
2. Putzen Sie Ihrer Katze einmal die Woche die Zähne. Benutzen Sie dazu eine weiche Kinderzahnbürste. (Benutzen Sie ausschließlich Zahnpasta, die speziell für Katzen entwickelt wurde. Belohnen Sie Ihre Katze hinterher stets. Loben Sie sie, oder geben Sie ihr einen möglichst harten Leckerbissen.)

3. Wenn das Zahnfleisch Ihrer Katze beim Bürsten blutet, ist es bereits entzündet. Vereinbaren Sie einen Termin beim Tierarzt.

Katzen sind sehr wählerisch in ihren Freßgewohnheiten, aber nicht alle Katzen können ihre Zähne durch das Nagen an Knochen reinigen. Schon in den ersten Lebenswochen sollten Katzenknochen auf dem Speiseplan ihres Tieres stehen, aber nur dann, wenn es seine Nahrung nicht herunterschlingt wie ein Hund. Es birgt nämlich durchaus auch Gefahren in sich, wenn man Katzen Knochen gibt, insbesondere wenn immer mehrere Katzen auf einmal gefüttert werden.

Krallen

Katzen kratzen an den Möbeln und anderen Objekten und hinterlassen so sichtbare Spuren ihrer Anwesenheit. Stellen Sie deshalb immer einen stabilen Kratzbaum auf. Älteren Katzen muß man häufiger die Krallen stutzen. Wenn man nicht dafür sorgt, wachsen die Krallen kreisförmig ein und können die Fußballen der Katze verletzen.

Stellen Sie einen Kratzbaum auf.

1. Halten Sie die Pfote fest, und schauen Sie sich zunächst an, wo das Gewebe innerhalb der Kralle durchblutet ist (rosa Färbung). Dieser Bereich darf nicht verletzt werden.
2. Benutzen Sie eine der handelsüblichen Spezialzangen (Zoofachhandel), um die nicht mehr durchblutete Krallenspitze abzuschneiden. Schauen Sie dem Tierarzt einige Male zu, bevor Sie diese Behandlung selbst durchführen.
3. Wenn die Kralle dennoch blutet, üben Sie mit ei-

An dieser Stelle
sollten Sie die
Vorderpfoten-
krallen stutzen.

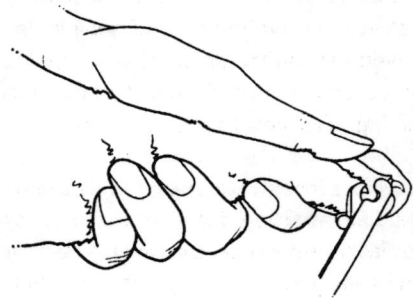

nem saugfähigen Tuch zwei Minuten lang Druck
auf das abgeschnittene Ende des Nagels aus.

Analdrüsen

Wenn Ihre Katze ständig ihren After, ihre Leiste
oder die Hinterbeine ableckt, hat sie vielleicht verstopfte Duftdrüsen.

Symptome für verstopfte Drüsen sind:
- Lecken der Aftergegend
- Lecken der Leisten und Hinterbeine
- Plötzliches Aufspringen und Betrachten der Hin-
  terbeine

Achtung,
Abszeßgefahr!

Verstopfte Analdrüsen sollten geleert werden. Ihr
Tierarzt kann Ihnen zeigen, wie das geht. Eine
Präventivbehandlung dieser Art reduziert das Risi-
ko eines schmerzhaften Abszesses.

Haut und Haar

Striegeln und bürsten Sie Ihre Katze regelmäßig. Je
nach Rasse und Felltyp können die Bedürfnisse von

Katzen hier recht unterschiedlich sein. Beugen Sie dem Befall durch Flöhe vor, und behandeln Sie sie sofort, wenn sie auftreten. Drei von vier Hautproblemen, deretwegen man einen Tierarzt aufsuchen muß, sind auf Flohbefall zurückzuführen.

1. Bürsten Sie Ihre Katze täglich. (Das Bürsten verhindert ein Verfilzen des Fells, entfernt abgestorbene Haare und lockert trockene, schuppige Haut, so daß sie sich nicht ansammeln kann. Außerdem haben Sie während des Bürstens Gelegenheit, Ihre Katze gründlich zu untersuchen. Es sollte sowohl für Ihre Katze als auch für Sie selbst ein Vergnügen sein. Beginnen Sie mit dem täglichen Bürsten schon in den ersten Lebenswochen.)

Bürsten Sie Ihre Katze täglich.

2. Baden Sie Ihre Katze nur bei besonders starker Verschmutzung oder als Therapie bei einer Krankheit. (Folgen Sie hier den Anweisungen Ihres Tierarztes. Benutzen Sie Shampoos, die speziell für Katzenfell entwickelt wurden, es sei denn, Ihr Tierarzt empfiehlt etwas anderes.)
3. Benutzen Sie auf keinen Fall übermäßig viele Zusätze, um die Haut Ihrer Katze zu behandeln. (Wenn Ihre Katze unter sehr trockener Haut leidet, können Sie ihr täglich einen Teelöffel Sonnenblumenöl oder Maiskeimöl verabreichen. Diese Therapie sollte mindestens einen Monat dauern.)

Ernährung

Eine gute Ernährung ist für die Gesundheit Ihrer Katze unabdingbar. Sorgen Sie dafür, daß immer ein Schälchen frisches Wasser für sie bereit steht. Ach-

ten Sie auf eine ausgewogene Ernährung, die dem
Alter, der Kondition und dem Energiebedarf Ihrer
Katze angemessen ist.

1. Dosen- oder Trockenfutter sollte immer von
   namhaften Herstellern stammen.

Achten Sie auf
eine ausgewogene
Ernährung.

2. Sorgen Sie dafür, daß die Nahrung gut für die
   Zähne und das Zahnfleisch Ihrer Katze ist.
3. Achten Sie darauf, daß das Futter immer Zimmer-
   oder Körpertemperatur hat. Niemals darf es direkt aus dem Kühlschrank kommen.
4. Werfen Sie Trockenfutter, das die Katze nicht verspeist hat, innerhalb von vierundzwanzig Stunden
   weg.
5. Werfen Sie frisches Fleisch oder Dosenfutter, das
   die Katze nicht verspeist hat, innerhalb einer
   Stunde weg.
6. Sorgen Sie immer für ein Schälchen frisches Wasser.

- Füttern Sie Ihre Katze nie mit Hundefutter. (Es
  enthält zu wenig Spurenelemente.)
- Geben Sie ihr niemals verdorbene Nahrung.
- Knochen sollten nur diejenigen Katzen bekommen, die ihre Nahrung gut kauen.
- Achten Sie darauf, daß Ihre Katze kein Übergewicht bekommt.

Gewichtskontrolle

Übergewicht ist bei Katzen ein nicht ganz so großes
Gesundheitsrisiko wie bei Menschen oder Hunden.
Schlanke Katzen sind jedoch geschickter und ver-
letzen sich seltener.

Als Faustregel gilt, daß Sie die Rippen der Katze spüren können müssen. Wenn das nicht möglich ist, hat sie wahrscheinlich Übergewicht. Die meisten Katzen schlecken eben gern.

Reduzieren Sie die Kalorien, nicht jedoch die Häufigkeit der Mahlzeiten. Wenn Sie einer dicken Katze kalorienreduziertes Futter häufig und in kleinen Mengen servieren, dann befriedigt das ihren Trieb, ständig zu fressen.

Kastration

Eine Kastration raubt weder Katze noch Kater ihre Verspieltheit. Beide Eingriffe bewirken einfach nur, daß der Sexualtrieb weniger ausgeprägt ist. Für uns Katzenbesitzer hat das den Vorteil, daß das Tier stärker auf den Menschen fixiert ist und verspielter bleibt. Aufgrund der Minderung des Sexualtriebes kommt es auch zu weniger Unfällen. Weibliche Tiere erkranken seltener an Milchdrüsentumoren und Kater verbreiten nicht jenen beißenden, durchdringenden Uringeruch, der sonst charakteristisch für sie ist.

Das Tier bleibt verspielter.

Die Vorteile einer Kastration Ihres Katers sind:

- Weniger Territorialkämpfe
- Weniger Herumstreunen (nach der Kastration streunen Kater in einem näheren Umkreis ihres Heimatortes).
- Eingeschränktes Markieren
- Kein unangenehmer Uringeruch
- Leichter zu erziehen
- Kein unerwünschter Nachwuchs

Die Nachteile der Kastration eines Katers sind:

■ Die Unfähigkeit, Nachkommen zu zeugen
■ Die Neigung, zuzunehmen (Zehn Prozent aller Kater nehmen nach der Kastration zu. Wenn Sie bei der Ernährung des Tieres darauf achten, läßt sich dieses Problem jedoch schnell wieder in den Griff bekommen.)

Die Vorteile einer Kastration Ihrer Katze sind:

■ Keine unerwünschten Schwangerschaften
■ Kein Zyklus, kein Kreischen
■ Keine zyklusbedingten Stimmungsschwankungen
■ Geringeres Risiko, an Milchdrüsenkrebs zu erkranken (Das Risiko liegt nahezu bei Null, wenn die Katze vor ihrem ersten Rolligwerden kastriert wird.)
■ Kein Risiko einer lebensgefährlichen Gebärmutterentzündung (Pyometra). (Häufig sind es ältere Katzen, die an Gebärmutterentzündung erkranken. Sie macht eine sofortige Operation notwendig.)

Die Nachteile der Kastration einer Katze sind:

■ Die Unfähigkeit, Nachkommen zu zeugen
■ Die Neigung zuzunehmen (Zehn Prozent aller Katzen nehmen nach der Kastration zu. Wenn Sie bei der Ernährung des Tieres darauf achten, läßt sich dieses Problem jedoch schnell wieder in den Griff bekommen.)

Wie man auf oralem Wege Medikamente verabreicht

Wenige Katzen kann man dazu bringen, bereitwillig ihre Medizin zu schlucken. Seien Sie sanft, aber energisch. Belohnen Sie Ihre Katze immer mit beruhigenden Worten und indem Sie sie streicheln. Wenn möglich, verstecken Sie das Medikament, oder kombinieren Sie es mit etwas anderem, das der Katze gefällt oder schmeckt.

Pillen:

1. Beruhigen Sie die Katze, indem Sie auf sie einreden. Wickeln Sie sie vorsichtig in ein Handtuch, um sich vor Kratzern zu schützen und sie am Entkommen zu hindern.
2. Mit dem Zeigefinger und dem Daumen, die Sie genau hinter die Eckzähne plazieren, ziehen Sie den Oberkiefer nach oben und gleichzeitig die Oberlippe nach unten.

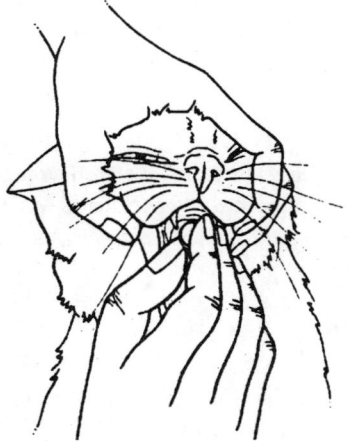

Halten Sie den Kopf hoch, damit die Tablette nicht wieder ausgespuckt wird.

3. Neigen Sie den Kopf der Katze zurück.
4. Mit der anderen Hand, in der sich auch die Tablette befindet, ziehen Sie den Unterkiefer hinunter und legen die Tablette so weit wie möglich hinten auf die Zunge.
5. Schließen Sie das Mäulchen der Katze sofort wieder, und reiben Sie ihre Kehle, bis sie die Medizin herunterschluckt. Wenn Sie den Mund geschlossen halten und dabei in die Nasenlöcher blasen, kann das den Schluckvorgang beschleunigen.

Reiben Sie den Hals.

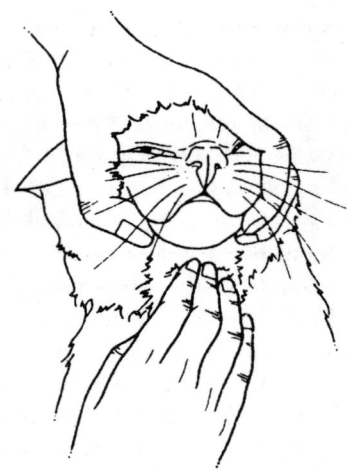

6. Öffnen Sie das Maul, um sich davon zu überzeugen, daß die Tablette geschluckt wurde. Wenn ja, loben Sie die Katze. Wenn nicht, wiederholen Sie den Vorgang.

Flüssige Medikamente:

1. Halten Sie den Oberkiefer, als ob Sie eine Tablette verabreichen würden.

2. Halten Sie den Kopf der Katze dabei jedoch gerade. Neigen Sie ihn nicht zurück, wie Sie es bei der Verabreichung einer Tablette tun würden.
3. Träufeln oder spritzen Sie das Medikament seitlich in den Mund. Spritzen Sie es nicht in den hinteren Teil des Mundes. Es könnte in der Luftröhre landen.
4. Schließen Sie den Mund, und reiben Sie den Hals, bis die Katze schluckt.
5. Loben Sie die Katze.

Wann immer es möglich ist, sollten Sie Tabletten im Futter der Katze verbergen, wie zum Beispiel in einem Fleischball. Wenn die Tablette geschmacklos ist, können Sie sie auch zu Pulver zerstampfen und sie unter das Futter der Katze mischen. Verstecken Sie flüssige Medikamente, indem Sie diese vollständig unter die Lieblingsspeise Ihrer Katze mischen. Manche Medikamente sollten jedoch nicht mit bestimmten Arten von Futter kombiniert werden. Besprechen Sie Ihr Vorgehen daher immer zuerst mit Ihrem Tierarzt.

Verstecken Sie Medikamente, wenn möglich, im Futter.

Bei manchen Katzen ist es extrem schwierig, auf oralem Wege ein Medikament zu verabreichen. Es ist aber wichtig, immer die gesamte Dosis einer verschriebenen Medizin zu geben. Wenn Sie also Schwierigkeiten haben, wenden Sie sich an Ihren Veterinär. Wenn Sie schwer gekratzt oder gebissen werden, sollten Sie sich selbst sofort in ärztliche Behandlung begeben.

Wie man ein Medikament für die Augen verabreicht

Sorgen Sie dafür, daß Augentropfen, Lotionen oder Salben zwar direkt mit dem Auge in Berührung kommen, daß aber die Behältnisse das Auge nicht verletzen.

Augensalbe:

Geben Sie die Salbe in den Zwischenraum zwischen Unterlid und Augapfel.

1. Sprechen Sie ruhig auf die Katze ein. Stellen Sie sie auf einen Tisch, und wickeln Sie sie, wenn nötig, in ein Tuch.
2. Entfernen Sie das Sekret aus dem Auge mit einem Stück Watte, das Sie vorher in lauwarmes oder warmes Wasser getaucht haben.
3. Ziehen Sie dann das Unterlid mit dem Daumen der einen Hand herunter. (Dadurch wird Platz für die Salbe geschaffen.)
4. Stützen Sie die andere Hand mit der Salbe auf dem Kopf der Katze ab. (Das verhindert, daß die Salbentube das Auge berührt, wenn die Katze sich plötzlich bewegt.)
5. Drücken Sie eine Salbenwurst in den Zwischenraum zwischen Unterlid und Augapfel. (Die Salbe läßt sich leichter herausquetschen, wenn Sie sie länger in den Händen aufwärmen.)
6. Schließen Sie das Auge. (Das verteilt die Salbe gleichmäßig über das Auge und in der Augenhöhle. Kalte Salben haben häufig eine graue oder weißliche Färbung, aber durch die Körperwärme werden sie innerhalb weniger Minuten wieder klar.)
7. Loben Sie die Katze, und geben Sie ihr einen Leckerbissen.

Augentropfen:

1. Folgen Sie den oben beschriebenen Instruktionen, allerdings ohne das untere Lid nach unten zu ziehen.
2. Träufeln Sie einen Augentropfen auf den oberen Teil des Auges.

Sorgen Sie immer dafür, daß die Tube oder das Fläschchen mit der Medizin das Auge der Katze nicht verletzt.

Wie man ein Medikament für die Ohren verabreicht

Um ihre volle Wirkung zu zu entfalten, sollten entsprechende Salben auf das Trommelfell gegeben werden. Die meisten Fläschchen und Tuben haben entsprechende Applikatoren, die gerade lang genug sind, um tief ins Ohr zu reichen, jedoch keinen Schaden dabei anrichten.

1. Sprechen Sie ruhig auf die Katze ein, und stellen Sie sie auf den Tisch. Wickeln Sie sie, wenn nötig, in ein Handtuch.
2. Halten Sie das Ohr mit der einen Hand, und führen Sie mit der anderen den Applikator der Ohrenmedizin in die Öffnung des Gehörgangs.
3. Drücken Sie nun auf die Tube oder Flasche, damit die Flüssigkeit oder Salbe in das Ohr eindringt.
4. Lassen Sie die Ohrmuschel wieder zurückklappen, und massieren Sie den Ohrkanal. (Ein schmatzendes Geräusch signalisiert, daß das Me-

Drücken Sie die
Medizin in den
Gehörgang der
Katze.

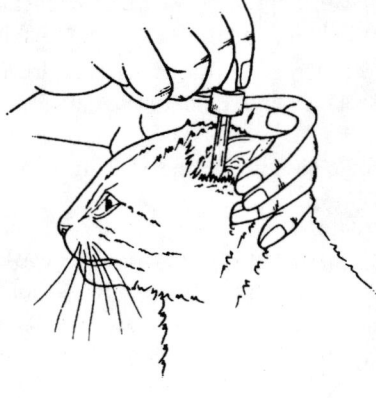

Reiben Sie den
Punkt unterhalb
der Nahtstelle
zwischen Kopf
und Ohr.

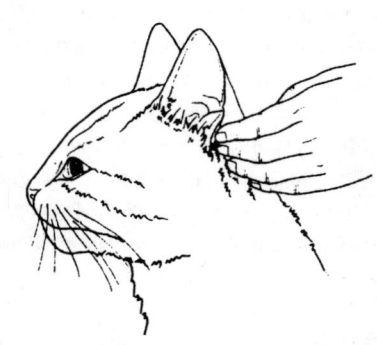

dikament gründlich in den Gehörgang einmas-
siert wird.)

5. Halten Sie das Ohr fest, und tupfen Sie über-
schüssige Medizin und Schmutz fort. (Das verhindert, daß die Medizin durch die Gegend fliegt,
wenn die Katze den Kopf schüttelt.)

6. Loben Sie die Katze, und geben Sie ihr eine Belohnung in Form eines Leckerbissens.

Vermeiden Sie die Benutzung von Wattestäbchen, wenn das Risiko besteht, daß das Trommelfell gerissen ist.

Wie man Injektionen verabreicht

Zur Behandlung von Diabetes ist es häufig notwendig, Insulin zu spritzen. Ebenso ist es möglich, daß Ihr Tierarzt Ihnen ein lebensrettendes Medikament mitgibt, das Sie der Katze injizieren, wenn sie nach einem Wespenstich einen anaphylaktischen Schock erlitten hat. Selbst Spritzen zu verabreichen klingt zunächst einmal recht schwierig, ist aber eigentlich sehr einfach, zumindest erheblich einfacher, als Medikamente auf oralem Wege zu geben.

1. Ziehen Sie die Spritze auf.
2. Tippen Sie dagegen, bis die Luftblasen in den oberen Teil der Spritze gewandert sind, dann stoßen Sie diese aus, bis der erste Tropfen des Medikaments aus der Nadel kommt.
3. Stellen Sie die Katze auf einen Tisch, und halten Sie sie fest.
4. Sprechen Sie beruhigend auf das Tier ein, greifen Sie eine Hautfalte am Nacken zwischen den Schulterblättern. (Diese Hautpartie ist relativ unempfindlich.)
5. Führen Sie mit einer gleichmäßigen Bewegung die Nadel durch die Haut in das darunterliegende Gewebe und über den darunterliegenden Muskel. Dann entleeren Sie die Spritze. (Möglicherweise hat Ihnen Ihr Tierarzt die Anweisung gegeben, bestimmte lebensrettende Medikamente direkt in die Muskeln des Hinterlaufes zu injizie-

Injizieren Sie in die Hautfalte am Nacken zwischen den Schulterblättern.

ren. Folgen Sie seinen Instruktionen gewissenhaft.)
6. Loben Sie die Katze wegen ihres Gehorsams, und
geben Sie ihr zur Belohnung einen Leckerbissen.

Anregungen zur Zusammenstellung einer Hausapotheke

Hausapotheke für
Notfälle

Eine Hausapotheke für Notfälle bei Ihrer Katze ist
leicht zusammengestellt. Denken Sie daran, auch immer dafür zu sorgen, sie kleinen Kindern unzugäng-
lich zu machen.

Verbandsmaterial

- Sterile Mullkompressen (etwa 7,5 x 7,5 cm)
- Einige Mullbinden verschiedener Größen (zum
  Beispiel 2,5 cm und 5 cm breit)
- Elastisches Leukoplast verschiedener Größen.
  (zum Beispiel 2,5 cm und 5 cm breit.)
- eine Verbandsschere (mit stumpfer Spitze)

Material zum Säubern einer Wunde

- Wattebäusche
- Saugfähige Watte oder Tücher
- dreiprozentige Wasserstoffperoxydlösung
- eine lange, stumpfe Pinzette

Andere wichtige Hilfsmittel:

- Thermometer
- Stumpfer Gegenstand zum Herunterdrücken der
  Zunge

Nützliche Kleinigkeiten:

- Spitze Zange
- Decke
- Transportkorb
- Vaseline

Medikamente

Husten
- Schleimlösender Hustensaft aus der Apotheke (Sprechen Sie in jedem Fall vorher mit Ihrem Tierarzt. Auf keinen Fall dürfen Sie ohne ärztliche Genehmigung ein Hustenmedikament verabreichen, das den Husten unterdrückt, es sei denn, der Tierarzt hat es verordnet.)

Durchfall
- Medizinische Kohle (3-10g täglich mit etwas Wasser verrührt) oder Tannalbin (1 Tablette 2mal täglich)

Vergiftungen
- In Wasser aufgeschwemmte Medizinische Kohle
- Pflanzliches Öl (1 Teelöffel, oral)

REGISTER

Die kursiv gedruckten Seitennummern beziehen sich auf die Abbildungen.

A

Abführmittel 202
Abschürfungen 202
Abszesse 129
Aderpressen
  16,24,36,**42f**,*42f*,104
After
  Untersuchung **74f**,201
Aggression 88
Allergien 177
Ameisenbisse 101
Analdrüsen **74**,209
Anaphylaktischer Schock
  24f,177,231
Anfälle 174ff
Angelhaken 38,**89ff**,*90*
Antidepressiva 150
Antihistamin 102
Appetitverlust 137
Arterien:
  Blutungen 105
Aspirinvergiftung 149
Atemwege:
  von Flüssigkeit befreien
  126f,*127*
  von Fremdkörpern befreien
  28f,*29*,93f,*94*,**122ff**,*124f*
Atmung:
  Atemspende
  15,24ff,**28ff**,93ff,*94*
  Frequenz 15,**19f**,23
  Gifte, eingeatmet 138f
  Probleme 25,**91ff**
  Überwachung 19
  Veränderungen 15,19,**58**
Augen:
  Medizin 228
  Sekretabsonderung 96
  Untersuchung 66,*67*
  Verletzungen 66,68f,86,**95ff**

B

Bahre *47*
Bandwurm 217
Bauch:
  Untersuchung 81
Bauchwassersucht 214

Beatmung, künstliche siehe
  Wiederbelebung
Beine:
  Blutungen 109f,*110*
  Frakturen 169f
  Hinken 159ff
  Schienen 40,*41*
  Untersuchung 71ff
Beruhigungsmittel 150
Bewegung 62,**211**
Bewegungsschwierigkeiten 62ff
Bienenstiche 101
Bisse und Stiche 100ff,*101*
Bisse:
  von Insekten
  24f,92,**101ff**,177,188f
  von größeren Tieren
  100,**127ff**
Blasenprobleme 73
Blutungen: 105ff
  Beine 109f,*110*
  innere 106f
  Kopf und Oberkörper 107f
  Krallen 112,*112*
  Nase 108,*109*
  offene Wunden
  34ff,42,62,202ff
  Ohren 108,*108*
  Pfoten 111f,*111*
  Schwanz 113
Brechmittel 141ff,*142f*
Brüche: 46,**167ff**
  Beine 169
  Rippen 170f

Schwanz 172
Wirbelsäule 168
Brust:
  Untersuchung 71ff

C
Calici-Virus 213
Carbamate 145
Chlamydien 214
Deckenbahre 47f,*47*
Diabetesbedingte Notfälle 113f
Durchfall 115ff
Durst 80ff

E
Einläufe 202
Elastisches Klebpflaster
  39,**104,**232
Epilepsie 174
Erbrechen
  23,77,80ff,101ff,115,**117ff,**163,
  198ff
Erfrierungserscheinungen 119ff
Ernährung 221ff
Erscheinungsbild:
  Veränderungen 62
Ersticken 26,91,**122ff**
Ertrinken 26,**126f**
Erziehung 211
Ethylenglykol 148

F
Feline Infektiöse Peritonitis (FIP)
  214
Fell: siehe auch Haut

Reinigung 155f
Untersuchung 75f
Fellkugeln 200
Festhalten 16ff,*17f*
Fleischwunden 38,92,**127ff**,203
Flöhe 215
Fremdkörper:
 im Mund 28f,29
 in den Augen 97f,*97f*
 in den Ohren 187
 in der Nase 28f,*29*
 in Wunden 36f
 verschluckt 123ff,*124f*
Frostschutzmittel 148

G
Ganzkörperuntersuchung
 53f,58
Geburt 132ff
Gehirnerschütterung
 26,**66**,71,157,206
Genitalien:
 Untersuchung 74f
Geräusche, abnorme 56,58
Gerüche, ungewöhnliche 65
Geschwüre:
 Mund 178
Gewichtskontrolle 81f
Gewichtsschwankungen **81f**,166
Gifte: 92,173
 bestimmte Gifte 144ff
 eingeatmet 138f
 geschluckt 140ff
 Hausapotheke 151ff,**233**
 Hautkontakt 153ff

Kohlenmonoxyd 172f
Pflanzen, giftige 152f
Schlangen 42,**102f**
Skorpione102f
Spinnen 102f
Zecken 104f
Gleichgewichtsstörungen 157f
Gliedmaßen siehe Beine
Grashalme:
 in der Afteröffnung 201
 in den Ohren 187

H
Hakenwürmer 217
Hals:
 Untersuchung 71
Halskragen 43ff,*44*
Hausapotheke 232f
Haushaltschemikalien:
 Vergiftung durch 142
Haut: siehe auch Fell 75f
 Gift 153ff
 Kratzen 177f
 Pflege 220f
 Untersuchung 75f
 Verbrennungen und
 Verätzungen
 23,86,181,191,**193ff**
Hecheln 58,**60f**,138,158,163
Herpes-Virus 213
Herz:
 Herzmassage 26,**30ff**,*30*,84
 Herzschlag, Kontrolle des
 21,*21*,30
 Herzversagen 23,**158f**

Krankheit 26
Wiederbelebung
24ff,**28**,29,30ff,138,140
Hinken, Humpeln 159ff
Hitzschlag 59,92,**162f**,*164*
Hochheben, Katzen 45f,*45*
Hornissenstiche 100ff
Husten 60,92f,138f,158,**165f**,233

I

Identifikation 210f
Impfen 212ff
Injektionen 25,**231f**
Inkontinenz 79
Insektenvernichtungsmittel 140
Insulin 113f

J

Junge Kätzchen:
    Geburt 132ff

K

Kalziumspiegel:
    zu niedriger nach der Geburt
    136
Kastration 209,**223f**
Katzen:
    tragen 45
    hochheben 45
Katzenleberegel 217
Katzenseuche 213
Katzenstaupe 213
Katzentoilette 78f
Knochen: siehe auch Frakturen
    169

Verrenkung 159,167f
Kohlenmonoxydvergiftung 172f
Koma 101,145,18f,163,**173f**
Kompressen, kalte
    34,34,108,*109*,161,177,180,19
    2,195,*196*
Kopf:
    Blutungen 71,**107ff**
    Schütteln 187
    Untersuchung 71
Körpertemperatur:
    Messen im Mastdarm
    54f,122,163f,202
Krallen: 219f
    Bluten **112**,219f
    Pflege 219,*219*
    Vorderpfoten 73,**98f**,99,219
Krämpfe 140f,**174ff**,*176*,191
Kratzen 177f

L

Läuse 215
Leukämie 212
Lunge:
    Atemspende, künstliche
    26ff,29
    Beatmung 28ff,29
    Wasser in der 126f,*127*

M

Medikamente:
    Hausapotheke 232
    illegale Drogen 150
    orale Verabreichung 225,*225f*
    Vergiftung 150

Metaldehyd 148
Milben 215
Milchdrüsen 224
Mund:
    Angelhaken im **38,89ff**,*90*
    Ersticken 26,91ff,**122ff**
    Fremdkörper im
    122ff,179f,*180*
    Geschwüre 178
    Öffnen 179f,*180*
    Untersuchung 178ff,*180*
    Verletzungen 178ff

N
Nabelschnur 134ff
Nahrung 221f
Namensschildchen 210
Nase:
    Bluten 108,*109*,**181ff**
    Fremdkörper 184
    Untersuchung 181ff
Natriumfluoracetat 147

O
Ohnmacht 184f,*185*
Ohren:
    Blutungen 108,*108*
    Medizin 229f,*230*
    Untersuchung 70
    Verletzungen 186ff
Organische
  Phosphatverbindungen 145

P
Panleukopenie 213
Parasiten 215
Pfeile:
    Fleischwunden **130**,*130*,205
Pflanzen:
    giftige 152f
Pfoten:
    geschwollene 129
    Prellungen 202ff
Puls: **20f**,103,159
    Frequenz 15,20f
    Kontrolle 20f
Pupillen:
    geweitete 150

R
Rattengift 146f
Raupen:
    Hautreizung durch 101
Rippen:
    Brüche 170f
Risse: 202
    Bänder 159
    Muskeln 160
    Sehnen 159
Rücken:
    Fraktur: 168,*168*

S
Schiene 40ff,*41*
    Spanne 55f
Schlangenbiß 102ff
Schmerzstillende Mittel:
    Vergiftung durch 149

Schneckengift 148
Schock 22ff,*106*
Schußwunden 130
Schwanz:
    Blutungen 113
    Fraktur 172
    Untersuchung 74f
Skorpionbiß 102ff
Speichelfluß 145
Splitter 131f
Spulwürmer 217
Stachelschweine, Stacheln 131
Stiche:
    Insekten
    24,92,**100ff**,177,188f
Störungen des Magen-Darm-
    Traktes 77f
Stromstoß 26,**191ff**
Strychnin:
    Vergiftung durch 147
Stuhlgang 78f

T
Tabletten 225ff,*226*
Tätowierung 210
Temperatur siehe unter
    Körpertemperatur
Tetanus 131f
Thermometer 54
Tierarzt 10ff
Tierbisse 100ff
Tollwut 89
Torso:
    blutend **107,**171
Toxoplasmose 217f

Transport von Katzen
    16,24,32,**45ff**,47,85,167
Trichine 217
Trinkgewohnheiten 80f

U
Unterkühlung 119ff,*121*
Urinieren: 80
    Probleme beim 189ff

V
Verätzungen 193ff
Verbände 38ff
Verbrenungen
    23,86,181,191,**193ff**,*195*
Verdauungsapparat:
    Durchfall 115f
    Fremdkörper, verschluckt
    198ff
    Gift, geschluckt 140ff
    Störungen 77f
    Verstopfung 200ff
Verhaltensänderung 56
Verrenkung 159,167
Verstauchung 159
Verstopfung 200ff
Vorderkrallen:
    verbinden **98**,99,112

W
Wehen 133
Wespenstiche 100ff
Wiederbelebung
    24ff,**28ff**,29,93ff,139,173

Wirbelsäule:
    Fraktur 168
Wunddesinfektion und
    -reinigung 32,36,107,111,**129**
Wunden 202ff
    oberflächliche 202ff
    tiefe 204ff
    Verbände 38f
    Blutungen 42,62,**202ff**
    säubern **32ff**,107,111,129
    Fremdkörper 205f
Würmer 217

Z
Zähne:
    Pflege 209,**218f**
Zahnfleisch:
    Pflege: 218f
    Untersuchung: **21ff**,22
Zecken 104f
Zerrung 160